# Heiter-amouröse Anekdoten

5-Minuten-Vorlesegeschichten

Anne Kopmann

Verlag an der Ruhr

# Impressum

**Titel**

*5-Minuten-Vorlesegeschichten für Menschen mit Demenz* – Heiter-amouröse Anekdoten

**Autorin**

Anne Kopmann

**Titelbildmotiv**

© Dietlinde DuPlessis – Fotolia.com

**Fotos im Innenteil**

Wäsche: © Dietlinde DuPlessis;
Notizzettel: © John Henkel – beide Fotolia.com

**Druck**

AZ Druck und Datentechnik GmbH, Kempten, DE

**Verlag an der Ruhr**
Mülheim an der Ruhr
www.verlagruhr.de

**Ein Hinweis:**

Die Inhalte im Buch sind von der Autorin mit großer Sorgfalt erarbeitet und ausgewählt worden, stellen jedoch keine therapeutischen Maßnahmen dar. Nehmen Sie dennoch eine genaue Prüfung entsprechend Ihrer Situation vor und wägen verantwortungsvoll ab, welche Aktivierungen Sie mit welchen Personen umsetzen. Wenn Unsicherheiten oder bereits bestehende Erkrankungen vorliegen, klären Sie die Anwendung mit der Pflegedienstleitung oder dem behandelnden Arzt ab.
Die Autorin und der Verlag übernehmen weder für die Aktualität, Korrektheit und Vollständigkeit der bereitgestellten Inhalte eine Gewähr noch dafür, dass diese für Ihren individuellen Einzelfall geeignet und ausreichend sind. Alle Inhalte dienen ausschließlich der Information, ebenso wie deren Umsetzung ausschließlich in eigener Verantwortung des Anwenders erfolgt.

**Unser Beitrag zum Umweltschutz:**

Wir sind seit 2008 ein ÖKOPROFIT®-Betrieb und setzen uns damit aktiv für den Umweltschutz ein. Das ÖKOPROFIT®-Projekt unterstützt Betriebe dabei, die Umwelt durch nachhaltiges Wirtschaften zu entlasten. Unsere Produkte sind grundsätzlich auf chlorfrei gebleichtes und nach Umweltschutzstandards zertifiziertes Papier gedruckt.


**ISBN 978-3-8346-4042-0**

# Inhalt

# Vorwort

*Liebe Vorlesende, liebe Zuhörende,*

das erste Rendezvous, das erste Händchenhalten, der erste Kuss – wer erinnert sich nicht gern an diese Momente aus Jugendtagen zurück, in denen die Schmetterlinge im Bauch zu flattern begannen und das Herz vor Freude hüpfte? Und wer auf ein langes Leben zurückblickt, der weiß, dass es beim Kontakt mit dem anderen Geschlecht, bei jedem Kennenlernen, in jeder Partnerschaft und auch selbst in langjährigen Ehen immer wieder Situationen gibt, die einem vor Scham die Röte ins Gesicht schießen lassen oder einfach urkomisch sind. Doch letztendlich haben diese Momente meist allesamt eines gemeinsam: Am Ende hat jeder kräftig gelacht!

Ein Herzklopfen wie beim ersten Kennenlernen, den Charme heimlicher Liebeleien und den Tanz der Schmetterlinge im Bauch noch einmal zu erleben – das wünsche ich Ihnen und Ihren Zuhörern beim Lesen dieser Geschichten von ganzem Herzen!

*Ihre*
*Anne Kopmann*

# Über die Reihe

Lesen ist eine der schönsten und zeitlosesten Freizeitbeschäftigungen für Jung und Alt. In Erzählungen abtauchen, sich in andere Personen hineinversetzen, via Fantasie Zeitreisen unternehmen … Lesen bietet die Möglichkeit, dem Alltag zu entfliehen und ihn gleichzeitig zu verarbeiten. Wem das Lesen jedoch Mühe bereitet, der kann Lesevergnügen auch über das Vorlesen erleben.

Die Reihe **„5-Minuten-Vorlesegeschichten für Menschen mit Demenz"** berücksichtigt die Einschränkungen von Menschen mit Demenz durch kurze, pointierte und einfache Geschichten, die an das Alltagserleben anknüpfen. Mal humoristisch, mal nachdenklich oder auch religiös-besinnlich – je nach Anlass und Situation können Sie die passende Geschichte auswählen und die Zuhörer zum Gedankenaustausch anregen. Die entsprechenden Anschlussfragen oder Aktivierungsideen zu jeder Geschichte bieten die dazu nötigen Anknüpfungspunkte – für ein abwechslungsreiches (Vor-)Lesevergnügen!

# Im Miederwarengeschäft

Morgen ist Samstag. Doch nicht irgendein Samstag, sondern der Tag, an dem Paul und Inge ihr 25-jähriges Ehejubiläum feiern.

Paul hat alles vorbereitet. Er hat einen Tisch im Restaurant „Waidmannsheil" reserviert, einen duftenden Strauß rote Rosen besorgt und Inges Lieblingspralinen liebevoll in zartrosa Pergamentpapier verpackt.

Doch dieses Jahr, zu ihrer Silberhochzeit, will Paul seiner Inge noch ein ganz besonderes Geschenk überreichen.

Ein Geschenk, das nicht nur seiner Frau, sondern auch ihm große Freude bereiten würde.

Paul steigt in seinen dunkelblauen VW Käfer und fährt in die kleine Einkaufsstraße in der Innenstadt. Seinen Wagen stellt er vor dem Krämerladen ab. So wie immer, wenn er Erledigungen in der Stadt macht.

Mit weichen Knien steigt er aus dem Auto.

Langsam, Schritt für Schritt, geht er zu „Meiners", dem einzigen Miederwarengeschäft der Kleinstadt. Dort möchte er seiner Inge einen ganz besonders hübschen Büstenhalter kaufen.

Hektisch schaut er nach links und rechts.

„Hoffentlich treffe ich auf dem Weg bloß keine Bekannten oder Nachbarn", sorgt Paul sich. Doch immer sein Ziel vor Augen, schiebt er seine Gedanken beiseite.

Und da steht er auch schon vor dem kleinen Miederwarengeschäft mit der hellblauen Fassade. Blitzschnell betritt er den Laden, aber nicht, ohne vorher einen letzten, prüfenden Blick hinter sich zu werfen. Sicher ist sicher.

Ein junges Fräulein mit braunem Lockenschopf und knallroten Lippen begrüßt ihn freundlich.

„Kann ich Ihnen behilflich sein?“, fragt sie mit einem charmanten Lächeln.

Paul spürt, wie sein Kopf glühend heiß anläuft.

„Ich … ich schau mich erst einmal um, danke“, stottert er und wirft vorsichtig scheue Blicke um sich.

Auf dem ersten Kleiderständer entdeckt er lauter Strumpfbänder – rote, grüne, blaue, gelbe … geraffte, glatte, dünne, dicke. Paul schüttelt ungläubig seinen Kopf. So viele Strumpfbänder auf einmal hat er noch nie gesehen.

Sein Blick wandert weiter an der Wand entlang zum nächsten Kleiderständer. Dort hängen die Höschen – aus Seide, mit Spitze, bestickt oder mit Schleife.

Pauls Blick schweift abermals weiter und bleibt an einem Ständer mit langen Unterhosen aus Angorawolle und fleischfarbenen Pagenschlüpfern hängen, so wie seine Mutter sie immer zu tragen pflegt.

„Gott sei Dank“, denkt er bei sich, „trägt meine Inge solche Liebestöter nicht einmal im tiefsten Winter.“

Und wieder lässt er seinen Blick wandern. Dort, in der hintersten Ecke des Fachgeschäfts, hängen die Büstenhalter.

Plötzlich wird Paul aus seinen Gedanken gerissen.

„Kann ich Ihnen wirklich nicht weiterhelfen?“, erkundigt sich erneut die junge Verkäuferin.

„Äh … also ... nun ja … ich suche …“, stammelt Paul.

„Einen Büstenhalter für Ihre Frau?“, ergänzt die Verkäuferin.

„Ja, genau, den suche ich“, gibt Paul schüchtern zu.

„Welche Größe hat denn Ihre Frau?“, hakt der braunhaarige Lockenschopf ganz ungeniert nach.

„Also, ehrlich gesagt weiß ich das gar nicht. Da bin ich wirklich überfragt“, überlegt Paul.

„Na, hat Ihre Frau eher Brüste in der Größe von Mirabellen, von Äpfeln oder von Melonen?“, versucht die junge Frau Paul auf die Sprünge zu helfen.

„Puh, ich würde sagen, von Äpfeln. Ja, genau, von Äpfeln“, lautet Pauls Antwort. Erwartungsvoll schaut er die Verkäuferin an.

Diese hatte bereits drei Modelle vom Kleiderständer gezogen: einen türkisfarbenen Büstenhalter aus Spitze, einen rubinroten mit Strasssteinen und einen mit Perlen bestickten aus fließender Seide.

„Den roten mit den Strasssteinen, den nehme ich“, entscheidet sich Paul kurzerhand. Der Gedanke, seiner Inge dieses Schmuckstück zu überreichen, lässt sein Herz höherschlagen.

„Das ist eine gute Wahl“, bestätigt ihm die Verkäuferin. „Feinste Qualität aus Frankreich. Da wird Ihre Frau sich freuen.“

Fröhlich ums Geschäft, begleitet die Verkäuferin Paul zur Kasse. Den Büstenhalter wickelt sie fein säuberlich in schwarzes Seidenpapier ein. Danach lässt sie ihn in einer lindgrünen Geschenktüte mit goldenen Herzen verschwinden.

„25 Mark und 55 Pfennig sind es dann, bitte“, fordert die junge Frau Paul zur Zahlung auf.

„Stimmt so“, sagt Paul, drückt ihr 30 Mark in die Hand und verlässt schnurstracks das Geschäft.

„Vielen Dank für Ihren Einkauf und auf Wiedersehen“, ruft die Verkäuferin Paul noch hinterher.

Doch Paul hört das gar nicht mehr. Er ist in Gedanken längst bei seiner Inge.

„Die wird ein Gesicht machen, wenn sie mein Geschenk sieht!“, freut er sich und schlendert, fröhlich pfeifend, zurück zum Auto.

## Lassen Sie erzählen:

* Welche Geschenke haben Sie Ihrem Mann bzw. Ihrer Frau zum Hochzeitstag gemacht?
* Was war das ungewöhnlichste Geschenk, das Sie in Ihrem Leben erhalten haben?
* Erinnern Sie sich an eine peinliche Situation, über die Sie heute lachen können?
* Wie wichtig ist Ihnen eine gute Beratung in einem Bekleidungsgeschäft?
* Welches Kleidungsstück ist Ihrer Meinung nach der größte Liebestöter?

# Die lauten Nachbarn

Jeden dritten Samstag im Monat treffen sich Heini, Gerd und Rudolf, um „Mensch ärgere Dich nicht" zu spielen. Beim letzten Mal trafen sie sich bei Heini. Heute wollen sie in der kleinen Wohnung im Mehrfamilienhaus von Gerd spielen.

Pünktlich um 19.00 Uhr schellt es an der Klingel.

„Heini, Rudolf, da seid ihr ja. Kommt hoch!", bittet Gerd seine Freunde in seine Wohnung im ersten Stock. „Immer herein in die gute Stube!"

„Heute geht es wieder rund, ihr Halunken. Macht euch auf was gefasst", spottet Rudolf.

Heini lacht nur und verdreht die Augen. Dann nimmt er auf dem smaragdgrünen Ohrensessel im Wohnzimmer Platz.

Ehe sich auch Rudolf und Gerd setzen, ertönt ein lauter Schrei aus der Nachbarwohnung. Die Männer horchen auf.

„Nicht schon wieder! Das sind die Eheleute Müller!", stöhnt Gerd. „Jeden Tag streiten die sich. Ob morgens, mittags oder abends. Ständig haben die sich in den Haaren. Furchtbar ist so was!", beklagt sich Gerd. „Ich bekomme schon Kopfschmerzen von seinem Affengebrüll und ihrem schrillen Gekeife!"

„Drum prüfe, wer sich ewig bindet!", verlautet Rudolf kluge Worte.

„Das hättest du den beiden mal vor der Eheschließung sagen sollen!", meint Gerd nur. Mit einem Ruck zieht er die Schachtel mit dem „Mensch ärgere Dich nicht"-Spiel aus der hölzernen Kommode.

„Ich nehme die grünen Figuren, wie immer!", verkündet Heini und setzt zum ersten Wurf an.

Rums. Es poltert in der Nachbarwohnung.

„Schmeißen die jetzt etwa auch noch Sachen durch die Gegend? Ich glaub es ja nicht!", schimpft Gerd mit hochrotem Kopf.

„Beruhig dich, Gerd! Hier, der Würfelbecher. Du bist dran", fordert Rudolf ihn zum nächsten Zug auf.

Gerd würfelt direkt eine Sechs und stellt seine rote Spielfigur auf das Startfeld.

Kaum will er erneut zum Zug ansetzen, hören sie Herrn Müllers Stimme aus dem Fenster: „Du Luder! Dir werde ich es zeigen!"

Gerds hochroter Kopf droht vor Wut zu platzen.

„Jetzt reicht es mir aber! Wird der seiner Frau gegenüber nun auch noch handgreiflich?", ruft Gerd und verliert völlig die Fassung.

„Gerd, du weißt doch: Hunde, die bellen, beißen nicht", will Rudolf seinen Freund beruhigen.

Doch keine zehn Pferde halten Gerd nun noch in seiner Wohnung.

„Ich geh da jetzt rüber!", verkündet er, springt auf und rutscht hastig in seine Filzpantoffeln.

„Der kann was erleben! Dem werde ich was erzählen!“, schimpft Gerd vor sich hin, während er zur Nachbarwohnung stürmt.

Heini und Rudolf sind ihm dicht auf den Fersen. Schließlich wollen sie nicht verpassen, wie ihr Freund Herrn Müller im Treppenflur eine Szene macht.

Wutentbrannt drückt Gerd auf die Klingel, unter der in Großbuchstaben „Müller“ geschrieben steht.

Ding dong! 20 Sekunden vergehen. Niemand öffnet die Tür.

Ding dong! Gerd drückt erneut auf den Klingelknopf. Wieder vergehen 20 Sekunden. Wieder öffnet niemand die Tür.

Ding dong! Ding dong! Ding dong! Gerd klingelt Sturm. So leicht würde ihm der Müller nicht davonkommen.

Gerade als Gerd die Hand zum erneuten Klingeln anhebt, öffnet sich die Wohnungstür einen Spalt breit. Verbrauchte Luft strömt aus dem Türspalt.

Kurzerhand nimmt Gerd die Klinke in die Hand und reißt die Tür auf.

„Herr Müller! So geht das wirklich nicht! Wenn Sie Ihren Ehekrach nicht sofort in den Griff bekommen, rufe ich die …“ Gerd bricht mitten im Satz ab. Denn anstelle eines vorlauten Herrn Müller steht die leicht bekleidete Frau Müller vor ihm. Lediglich ein hauchzartes Negligé aus tiefschwarzer Spitze ziert ihren schmalen Körper. Die langen, blonden Haare sind zerzaust, der pinke Lippenstift ist verschmiert. In Frau Müllers Hand dampft eine Zigarette.

„Schätzchen, was ist los? Komm zurück ins Bett!", hört Gerd Herrn Müller aus dem Schlafzimmer rufen.

Die Schamesröte steigt Gerd ins Gesicht.

„Verzeihen Sie!", entschuldigt er sich. „Verzeihen Sie vielmals!", beteuert Gerd abermals. Ohne zu zögern, dreht er sich um und eilt zurück in seine Wohnung.

Rudolf und Heini bekommen sich vor Lachen nicht mehr ein.

„Lieber ein Ende mit Schrecken als ein Schrecken ohne Ende, was?", witzelt Rudolf. Denn eines hatte sein Freund Gerd nun ganz gewiss gelernt: Manchmal kracht es nicht nur in der Ehe, sondern auch im Bett.

## Lassen Sie erzählen:

* Haben Sie sich früher auch zu Spieleabenden verabredet? Welche Spiele haben Sie gespielt?
* Welches Spiel mögen Sie heute am liebsten?
* Welche Freizeitaktivitäten haben Sie gemeinsam mit Freunden unternommen?
* Wie haben Sie sich mit Ihren Nachbarn verstanden?
* Gibt es Nachbarn, zu denen Sie noch heute guten Kontakt pflegen?

# Eine Lilie für Annelie

Jeden Morgen fährt Hans mit dem Fahrrad zu seiner Arbeitsstelle, einer kleinen Schreinerei mitten im Ort. Dort hat er vor zwei Jahren seine Lehre zum Schreiner abgeschlossen. Und genau zu der Zeit begegnete ihm auf dem Weg zur Arbeit die schönste Frau, die er je gesehen hat: Annelie.

Annelie ist damals neu in die kleine Ortschaft gezogen, in der jeder jeden kennt. Das seidig blonde Haar, der zierliche Körperbau, das herzförmige Gesicht mit den strahlend blauen Augen – Hans hatte sofort Gefallen an der hübschen Annelie gefunden. Doch getraut, sie anzusprechen, hatte er sich bisher nicht. Zu groß war seine Sorge, einen Korb zu bekommen. Dann würden die Leute im Ort ihn nicht mehr Hans, den jungen Schreinergesellen, sondern Hans, den verliebten Dorfgockel, nennen.

Jeden Morgen beobachtet Hans die hübsche Annelie auf dem Weg zur Arbeit. Er tritt immer besonders langsam in die Pedale, wenn er an ihrem beschaulichen Häuschen mit dem duftenden Rosengarten vorbeifährt.

Wenn er Glück hat, kann er einen Blick auf Annelie erhaschen. Mal beobachtet er, wie sie die Wäsche auf die Leine hängt. Mal sieht er sie die Blumen mit einer großen, metallenen Gießkanne wässern. Und jedes Mal denkt er sich: Wenn ich doch nur gemeinsam mit ihr die Wäsche aufhängen und die Blumen gießen könnte. Doch bisher hat Hans nur ein scheues „Guten Morgen“ herausgebracht.

„Wenn ich selbst kein Wort zu ihr sage, dann muss ich eben Blumen sprechen lassen!“, denkt sich Hans und schmiedet einen Plan.

Ein paar Tage später macht Hans sich nach der Arbeit auf den Weg ins Blumenfachgeschäft. Dort will er die schönste aller Blumen für Annelie kaufen.

Als er das Geschäft betritt, schellt die Türklingel.

„Guten Tag. Ich bin sofort für Sie da!", begrüßt ihn eine ältere Dame mit akkurater Dauerwelle.

„Immer mit der Ruhe. Ich bin nicht in Eile!", erwidert Hans und lässt seinen Blick über die silbernen, bodentiefen Vasen schweifen. In jeder Vase entdeckt er frische Schnittblumen, fein säuberlich nach Sorte sortiert.

Sein Blick bleibt auf den roten Rosen hängen.

„Rote Rosen? Als Zeichen meiner Liebe? Nein, das ist zu viel des Guten", überlegt Hans. Sein Blick schweift weiter zu den rosa Rosen. „Vielleicht lieber eine rosafarbene Rose? Nein, dann ist sofort offensichtlich, dass ich in sie verliebt bin", überlegt Hans weiter.

Da entdeckt er die weißen Lilien. „Eine weiße Lilie! Schon die alten Römer schenkten ihrer Herzensdame eine weiße Lilie als heimliches Zeichen ihrer Gefühle. Und sie steht auch für die Reinheit meiner Liebe", freut sich Hans über seine Entdeckung.

„So, nun bin ich für Sie da!", ertönt die Stimme der Verkäuferin hinter ihm.

„Ich nehme eine weiße Lilie", verkündet Hans und zeigt mit dem Finger auf die frischen, weißen Schnittblumen.

Die Verkäuferin wirft Hans nur einen mitfühlenden Blick zu. Dann nimmt sie eine Lilie aus dem Gefäß und bittet Hans zur Kasse.

Voller Vorfreude auf den nächsten Tag radelt Hans nach Hause. Morgen würde er extra früh losfahren, um Annelie die weiße Lilie heimlich auf die Treppenstufen vor ihrem Haus zu legen.

Die Nacht schläft er ganz unruhig. Er wälzt sich von links nach rechts, so aufgeregt ist er.

Um Punkt 6.00 Uhr in der Früh klingelt sein Wecker. Blitzschnell zieht Hans sich an, greift nach der weißen Lilie und steigt auf sein Fahrrad.

Er hat Glück. Als er Annelies Haus erreicht, ist sie noch nicht wach. Die hölzernen Fensterläden sind noch zu.

Hans springt vom Rad. Blitzschnell huscht er in den Vorgarten und legt Annelie die weiße Blume auf die Treppenstufen.

Im Sauseschritt läuft er zurück zu seinem Rad. Das versteckt er eilig in einem großen Rhododendronstrauch. Er selbst springt schnell hinter eine dicke, alte Eiche. Von dort aus kann er Annelie ganz unbemerkt beobachten.

Klack. Die ersten Fensterläden springen auf. Hans lugt hinter der Eiche hervor und beobachtet, wie Annelie die Federbetten aufschüttelt. Die weißen Federn wirbeln nur so durch die Luft.

„Was für ein herrlicher Tag! Die Sonne scheint schon so schön, da werde ich jetzt in den Garten gehen", hört Hans Annelie sagen.

Sein Herz pocht wie wild. Gleich würde Annelie die Lilie entdecken.

Kurz darauf knarrt die Haustür und Annelie tritt heraus. Sie merkt, dass sie etwas an ihrem Fuß kitzelt, und blickt herab. Auf den Stufen entdeckt sie die Lilie.

Entsetzt starrt Annelie auf die Blume. Eine dicke Träne kullert ihr übers Gesicht.

Hans läuft es eiskalt den Rücken herunter.

„Freut sie sich denn gar nicht über die schöne Lilie?", fragt er sich leicht panisch. Er versteht die Welt nicht mehr.

Da nimmt Hans all seinen Mut zusammen. Er verlässt sein Versteck und geht hinüber zu Annelie.

„Was ist denn passiert?", fragt Hans vorsichtig und wirft Annelie einen schüchternen Blick zu.

„Ach. Eben fand ich diese weiße Lilie auf den Treppenstufen. Jemand muss verstorben sein", schluchzt Annelie.

„Nun weine doch nicht! Ich habe dir die Blume dort hingelegt, weil du mir schon lange so gut gefällst", versucht Hans, sie zu trösten. „Ich wusste nicht, wie ich dir sonst meine Liebe gestehen soll."

„Und dann schenkst du mir eine weiße Lilie?" Annelie fängt laut an, zu prusten. „Eine weiße Lilie ist doch ein Symbol für Verlust und Trauer."

„Das wusste ich nicht", gibt Hans beschämt zu.

Doch plötzlich fängt Annelie an, zu strahlen.

„Auf den Irrtum brauchen wir erst einmal eine starke Tasse Kaffee. Nimm gern auf der Veranda Platz …", zwinkert sie ihm zu.

Hans' Herz macht vor Freude einen Sprung. Und von nun an weiß er: Auch Blumen finden nicht immer die richtigen Worte!

## Lassen Sie erzählen:

* Wie haben Sie Ihrer großen Liebe Ihre Gefühle gestanden?
* Haben Sie auch schon einmal symbolisch Blumen verschenkt? Was für Blumen waren das?
* Welche Blumen gefallen Ihnen besonders gut?

## Was Sie noch tun können:

*Kennen Ihre Zuhörer die Bedeutung folgender Blumenfarben?*

- *rote Blumen — leidenschaftliche Liebe*
- *rosa Blumen — Zärtlichkeit*
- *weiße Blumen — Unschuld und Reinheit*
- *blaue Blumen — Treue und Beständigkeit*
- *gelbe Blumen — Reichtum und Glück*

# Die dicke Doris

Horst ist schon lange auf der Suche nach seiner Herzensdame. Doch gefunden hat er sie bisher noch nicht. Daher hat sein Freund Peter ein Rendezvous für Horst organisiert – mit Doris. Doris ist eine langjährige Bekannte von Peter.

„Doris ist ein ganz anständiges Fräulein aus gutem Hause. Sie wird dir sicherlich gefallen“, erinnert sich Horst an Peters Worte.

Schon seit Tagen schwelgt Horst nur in Gedanken an Doris. Feuerrote Haare, eine schmale Taille und rehbraune Augen – so stellt Horst sie sich vor.

„Peter hat so von ihr geschwärmt. Diese Frau muss einfach toll sein!“, freut sich Horst. Er spürt sein Herz vor Aufregung laut schlagen. Gleich würde er Doris, die Frau seiner Träume, treffen.

Horst steht vor dem großen Spiegelschrank in seinem Schlafzimmer. Er zupft sein Hemd zurecht und poliert die Schuhe auf Hochglanz. Er streicht die Hosenbeine glatt und kämmt Pomade ins Haar. Zu guter Letzt trägt er noch einen Hauch Rasierwasser auf und verreibt den Duft. Zufrieden wirft er einen letzten, prüfenden Blick in den Spiegel.

Dann macht er sich auf den Weg in die kleine Konditorei in der Stadt. Dort würde er bei einer frischen Tasse Kaffee und einem leckeren Stück Torte seine Doris kennenlernen.

Mit zittrigen Knien nähert er sich der Konditorei. Schon von Weitem hält er Ausschau nach Doris. Doch auf der Terrasse vor der Konditorei entdeckt er nur ein älteres Ehepaar, das ein Stück Käsekuchen verspeist.
Daneben sitzt eine junge Frau. Sie schneidet ihrer kleinen Tochter ein Erdbeertörtchen in mundgerechte Stücke.

Horsts Blick schweift auf die Einkaufsstraße. In der Ferne entdeckt er eine üppige Braunhaarige mit einem flotten Pagenschnitt. Sie trägt einen knappen Rock aus rotem Samt, eine viel zu enge Bluse und hochhackige Schuhe. Ein knalliger, pinkfarbener Lippenstift betont ihren Schmollmund.

„Das muss Doris sein“, überlegt Horst. Sein Traum von einer rothaarigen Schönheit mit schmaler Taille zerplatzt im Nu. So eine Wuchtbrumme ist ihm schon lange nicht mehr über den Weg gelaufen.

„Aber bei der hat man wenigstens was zum Anfassen!“, denkt sich Horst und setzt ein breites Grinsen auf.

Langsam nähert sich die kurvige Grazie Horst. Sie hebt die Hand und winkt. Goldene Armreife klimpern an ihrem rechten Handgelenk.

„Hallo, Horst, ich bin gleich bei dir!“, ruft sie ihm fröhlich zu.

Horst winkt vorsichtig zurück. Diese Frau ist aber auch einfach eine außergewöhnliche Erscheinung.

Und da steht Doris auch schon vor ihm. Freundlich lacht sie ihn an. Dabei droht ihr üppiger Busen beinahe aus der Bluse zu hüpfen. So ein mächtiges Dekolleté hat Horst noch nie zuvor gesehen.

„Schön, dich zu treffen, Horst!", sagt Doris. „Komm, wir gehen rein und gönnen uns ein Stück Torte. Oder auch zwei!"

Doris betritt die Konditorei. Horst beobachtet fasziniert, wie ihr dicker Hintern bei jedem Schritt hin und her wippt.

Doch nicht nur bei Horst, sondern auch bei den zahlreichen Kuchen, Teilchen und Torten hinter der Glastheke macht Doris große Augen. Ihr begehrlicher Blick bleibt an einem Stück Schwarzwälder Kirschtorte hängen.

„Davon nehme ich ein Stück. Ein extra großes, bitte!", gibt Doris ihre Bestellung auf. „Und auch noch ein Stück von dem Frankfurter Kranz."

Doris läuft weiter entlang an der Glastheke. Dabei streift ihr dicker Hintern eine Blumenvase, die zu kippen droht.

„Aller guten Dinge sind drei!", weiß Doris und bestellt sich noch ein Stück Schokoladentorte.

„Für mich bitte nur eine Tasse Kaffee", sagt Horst. Er ist so geplättet von Doris' forscher Art, dass er keinen Appetit mehr auf ein Stück Torte hat. Das würde ihm vor Aufregung nur auf den Magen schlagen.

„Ein Stück Torte würde dir Spargeltarzan sicherlich auch nicht schaden", lacht Doris und zwickt Horst freundschaftlich in seinen flachen Bauch.

Horst nimmt an einem runden Tisch mit blau lackierten Holzstühlen Platz. Doris stellt das Tablett mit den drei Tortenstücken auf den Tisch und setzt sich zu Horst.

Eifrig verspeist Doris ihre Torten. Gabel für Gabel schlingt sie die süßen Leckereien herunter.

Horst beobachtet amüsiert, in was für einem rasanten Tempo Doris die Tortenstücke verzehrt.

Doris bemerkt Horsts musternde Blicke und lässt prompt die Gabel fallen.

„Liebe geht halt durch den Magen", erklärt sie augenzwinkernd und fängt laut an, zu lachen. Von Schamesröte keine Spur. Erneut greift sie zur Gabel und sticht beherzt in die Sahnecreme der Schwarzwälder Kirschtorte.

Als sie fertig ist, blickt sie zu Horst und deutet mit dem Finger in Richtung Toilette.

„Ich bringe mal kurz meinen Kaffee weg", sagt Doris und will aufstehen.

Da passiert es! Horst traut seinen Augen nicht. Doris steckt mit ihrem dicken Hintern im Stuhl fest.

„Diese Zwergenstühle sind auch wirklich nichts für Vollweiber wie mich", witzelt Doris und wackelt kräftig mit ihrem Hinterteil. Doch der Stuhl will sich einfach nicht lösen.

Da springt Horst auf und zieht kräftig an der Stuhllehne. Mit einem Ruck löst sich der Stuhl von Doris' Gesäß.

„So, das Problem wäre gelöst!", sagt Horst erleichtert.

Doris lächelt ihm dankbar zu und eilt zur Toilette.

Horst nutzt die Gelegenheit und nimmt schnell in einer Sitzecke des Cafés Platz. Nicht, dass er Doris womöglich noch mal aus dem Stuhl helfen muss ...

## Lassen Sie erzählen:

* Welche Torte oder welchen Kuchen essen Sie am liebsten?
* Backen Sie selber oder kaufen Sie den Kuchen ein?
* Hatten Sie auch einmal ein Rendezvous, bei dem alles schiefging?
* Wo haben Sie Ihre große Liebe kennengelernt?

## Was Sie noch tun können:

*Sammeln Sie gemeinsam mit Ihren Zuhören Kuchen und Torten von A bis Z.*

*A: Apfelkuchen, Ananastorte*
*B: Bienenstich, Baumkuchen, Butterkuchen*
*C: Cremeschnitte*
*D: Donauwelle*
*E: ...*

# Das Drei-Gänge-Menü

Fred sitzt in seiner kleinen Küche und studiert das alte Rezeptbuch seiner Großmutter.

Heute möchte er seine neue Freundin Roswitha zu sich zum Essen einladen. Fred und Roswitha sind erst seit Kurzem ein Paar.

„Liebe geht bekanntlich durch den Magen!“, weiß Fred und blättert sorgsam Seite für Seite des Rezeptbuches um. Mit einem Drei-Gänge-Menü würde er sicherlich Roswithas Herz ganz für sich gewinnen.

„Ein leckeres Hühnersüppchen wird der erste Gang“, entscheidet sich Fred. „Als Hauptspeise soll es Kohlrouladen mit Salzkartoffeln geben. Und zum Nachtisch bereite ich frische Erdbeeren mit Schlagsahne zu.“

Fred reibt sich vor Freude die Hände. Mit einem solchen Festschmaus würde er seine Roswitha sicherlich beeindrucken.

Fred schreibt alle Zutaten mit Bleistift auf ein Stück Papier. Dann schnappt er sich den geflochtenen Weidenkorb und geht zum Tante-Emma-Laden in der Nebenstraße.

Zurück in seiner Wohnung, breitet Fred seine Einkäufe auf dem Tisch aus.

„Suppengemüse und Suppenhuhn, Weißkohl und Hackfleisch, frische Erdbeeren und Schlagsahne – alles da!“, stellt Fred fest.

Als Erstes kocht Fred die Hühnersuppe.

Dann bereitet er die Kohlrouladen zu und gibt diese in einen großen Schmortopf.

Das Hühnersüppchen brodelt währenddessen vor sich hin. Und die Rouladen verbreiten einen Duft, dass einem das Wasser im Mund zusammenläuft.

Fred füllt Wasser in einen alten Henkeltopf und schüttet eine kräftige Prise Salz hinein. Den Topf stellt er über die zweite Gasflamme. Er schält die Kartoffeln und gibt sie in das kochende Salzwasser.

Zum Schluss putzt er die Erdbeeren und schlägt die Sahne steif.

Nun muss Fred nur noch den Tisch eindecken. Er holt eine schneeweiße Damast-Tischdecke aus dem kleinen Stubenschränkchen. Sie duftet herrlich frisch nach Bügelstärke.

Den Tisch deckt er mit blau-weißem Porzellangeschirr der Marke Rosenthal ein. Zuletzt stellt er eine dicke, weiße Kerze mit einem Kerzenring aus roten Blüten auf.

Alles ist vorbereitet. Roswitha kann kommen.

Pünktlich um 19.00 Uhr klingelt es. Fred streicht schnell seine Haare glatt und eilt zur Tür.

„Hallo, Fred!", sagt Roswitha. Sie trägt ein lindgrünes Sommerkleid und duftet angenehm nach Maiglöckchen.

„Hallo, meine Liebe!", begrüßt Fred seine neue Freundin. Ihr Anblick verschlägt ihm fast die Sprache.

„Komm herein und nimm Platz!", bittet Fred Roswitha zu Tisch.

„Wie lecker es duftet!“, schwärmt Roswitha und setzt sich an den eingedeckten Wohnzimmertisch.

Fred packt den Suppentopf mit zwei wollenen Lappen und eilt zu Roswitha.

„Ich habe dir ein leckeres Hühnersüppchen zubereitet“, erklärt Fred.

Doch plötzlich bleibt er mit einem Fuß am Stuhlbein hängen. Der Suppentopf gleitet ihm fast aus der Hand und ein wenig Suppe schwappt auf Roswithas Kleid.

„Ach, herrje! Entschuldige! Das ist mir furchtbar unangenehm!“, stottert Fred.

Er nutzt die Gelegenheit, um seiner Roswitha etwas näher zu kommen. Er greift zur Stoffserviette. Vermeintlich unauffällig streift er damit ihre Hüften.

„Nun ist aber gut mit dem Getätschel!“, sagt Roswitha schmunzelnd. „Ich kann das Kleid ja wieder waschen.“

„Ich wollte nur helfen!“, gibt Fred mit hochrotem Kopf zu. Vorsichtig füllt er mit einer großen Kelle Suppe in die tiefen Teller. Peinlich berührt und stillschweigend löffeln die beiden ihre Suppe leer.

„Warte kurz. Ich serviere dir den zweiten Gang. Kohlrouladen mit Salzkartoffeln“, bricht Fred die Stille. Er steht auf und geht zurück in die Küche.

Fred verteilt die Kartoffeln auf zwei Teller und stellt sie auf den Wohnzimmertisch. Dann holt er noch den großen Schmortopf.

„Ich tu dir auf!", sagt Fred und hebt mit dem Pfannenwender eine große Kohlroulade an.

Platsch! Die Roulade plumpst zurück in die Soße. Die Soße spritzt mitten auf Roswithas Dekolleté.

Fred freut sich insgeheim. Nun bietet sich ihm wieder die Gelegenheit, seiner Roswitha näher zu kommen. Er greift zur Stoffserviette, um ihr Dekolleté sauber zu tupfen. Doch ehe er sich versieht, zieht ihm Roswitha die Serviette aus der Hand.

„Danke, ich übernehme selbst!", meint Roswitha genervt.

Schade! Roswithas Dekolleté hätte Fred gern sauber getupft.

„Natürlich. Entschuldige!", sagt Fred. Er fischt erneut mit äußerster Vorsicht Kohlrouladen aus dem Topf. Schweigend konzentrieren sich beide auf den Hauptgang.

~

Für den letzten Gang füllt Fred die Erdbeeren in zwei gläserne Schälchen. Darauf setzt er einen kräftigen Schlag Sahne.

Roswitha beißt genüsslich in die erste Erdbeere mit Schlagsahne. Auch Fred lässt es sich schmecken.

„Das war sehr lecker!“, lobt Roswitha ihren Fred. Sie hat noch etwas Sahne im Mundwinkel.

„Du, du hast noch Sahne am Mund!“, stammelt Fred.

„Dann mach sie doch weg!“, sagt Roswitha.

Doch Fred greift diesmal nicht zur Serviette. Schmatz! Ohne zu zögern, drückt er Roswitha einen dicken Kuss auf den Mund.

Roswitha ist völlig überrumpelt.

„Du schmeckst noch süßer als Sahne“, säuselt Fred. Er strahlt Roswitha wie ein Honigkuchenpferd an.

Das Eis ist endgültig gebrochen.

„Du Schelm!“, witzelt Roswitha und rückt näher an ihren Fred heran.

Er nimmt sie ganz fest in den Arm und hofft, der Abend würde nie zu Ende gehen.

## Lassen Sie erzählen:

* Kochen Sie gern für andere? Oder lassen Sie sich lieber bekochen?
* Wie bereiten Sie Kohlrouladen zu?
* Welches Gericht ist Ihre Leibspeise?
* Ist Ihnen auch schon einmal ein Malheur bei Tisch passiert? Erzählen Sie davon.
* Womit kann man Ihnen eine ganz besondere Freude machen?

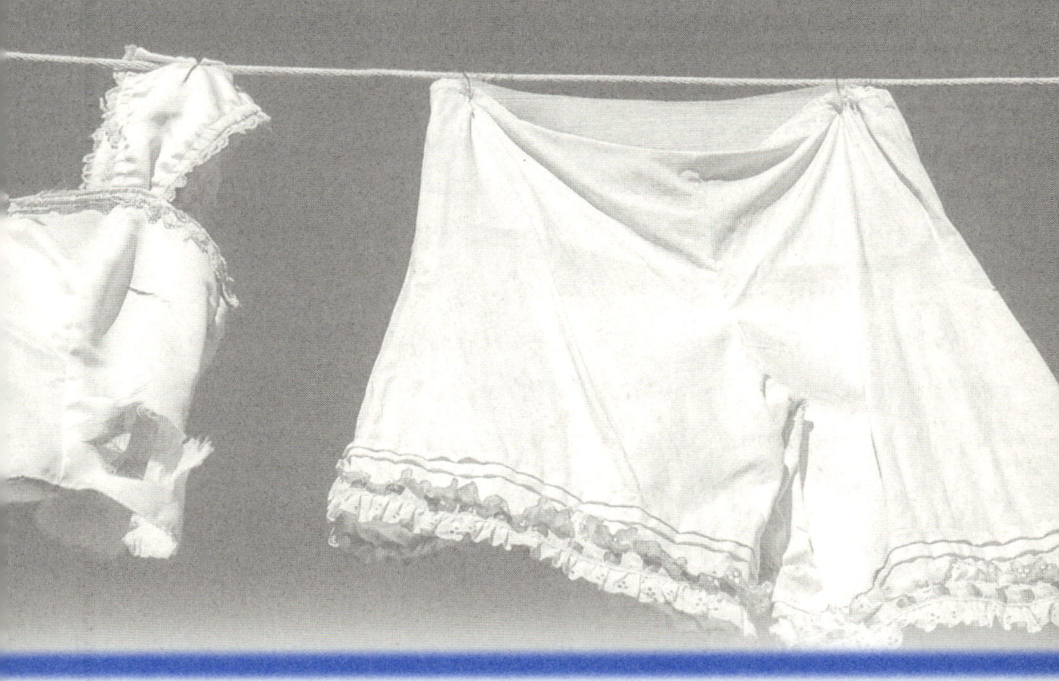

# Die neue Haushaltshilfe

Seit 47 Jahren sind Herbert und Hannelore Schumacher nun schon verheiratet. Hannelore kümmert sich seit jeher um den Haushalt. Sie stopft die Socken, füttert die Hühner und wischt den Boden. Sie klopft die Teppiche aus, verjagt die Kleidermotten und flickt die Hosen.

Doch seit einigen Wochen funktioniert das nicht mehr so gut wie früher.

„Meine Beine sind so schwer!“, klagt Hannelore.

„Und meine Arme wollen auch nicht mehr richtig. Herbert, wir brauchen dringend eine Haushaltshilfe!“

„Wenn du meinst“, grummelt Herbert. Ihm ist gar nicht wohl bei dem Gedanken, dass jemand anderes als seine Hannelore den Haushalt übernimmt.

„Ich rufe direkt beim Dorfhelferinnenwerk an. Die sollen uns eine tüchtige, junge Frau schicken“, sagt Hannelore und dreht die Wählscheibe des Schnurtelefons.

Herbert brummt nur und blickt ratlos in die Luft.

Am nächsten Morgen klingelt es an der Tür.

„Guten Morgen, Frau Schumacher. Ich bin Marta, Ihre neue Haushaltshilfe!“, stellt sich eine junge Dame mit polnischem Akzent vor.

„Marta, herzlich willkommen! Kommen Sie gern herein“, begrüßt Hannelore die schwarzhaarige Frau. „Schauen Sie mal, wie schmutzig der Hausflur ist. Der muss dringend gefegt werden!“

„Kein Problem, Frau Schumacher. Das übernehme ich gern. Wo ist denn ein Besen?“, will Marta wissen und sieht sich suchend um.

„Herbert, holst du mal den Besen aus der Kammer?“, ruft Hannelore ihren Mann.

„Ich komm ja schon!“, antwortet Herbert und trottet zur Besenkammer.

Mit dem Besen in der Hand geht er in den Flur.

Als er die neue Haushaltshilfe sieht, verschlägt es ihm die Sprache.

„Donnerwetter!“, denkt sich Herbert. „Was für ein Geschoss!“ Sein Mund steht offen, der Besen rutscht ihm fast aus der Hand.

„Guten Morgen, Herr Schumacher. Ich bin Marta“, stellt sich die neue Haushaltshilfe vor.

„Angenehm“, stammelt Herbert. Sein Blick wandert von dem einladenden Dekolleté zu den runden Hüften der jungen Frau. „Hannelore, setz dich ruhig in die Stube. Ich kümmere mich schon um Marta“, versichert Herbert.

„Dann kann ich ja weiter an meiner Tischdecke häkeln“, freut sich Hannelore und verlässt den Flur.

Marta schnappt sich den Besen und fängt an, zu fegen.

Herbert macht es sich auf einem Lederstuhl gemütlich. Mit Vergnügen beobachtet er das junge Fräulein beim Fegen.

„Na, dann wollen wir mal sehen, ob du auch eine gute Haushaltshilfe bist. An meine Hannelore kommt keine so schnell heran!“, weiß Herbert.

Marta gibt sich größte Mühe, den Flur gründlich zu fegen. „Du fegst ja wie ein lahmer Esel. Mehr Schwung, Marta. Mehr Schwung!“, spornt Herbert seine neue Haushaltshilfe an.

Marta versucht, noch schneller zu fegen. Ihre Locken fliegen dabei durch die Luft, die Brüste hüpfen auf und ab. Das gefällt Herbert.

„So ist es recht! Links im Schrank ist ein Kehrblech, damit kannst du den Schmutz auffegen!“, erklärt Herbert.

Marta eilt zum Flurschrank.

„Wo ist denn hier ein Kehrblech? Ich sehe keins!“, wundert sich Marta.

„Ganz links in der untersten Schublade“, antwortet Herbert. „Du musst dich schon bücken!“

Marta bückt sich und sucht nach dem Kehrblech. Herbert geht das Herz auf, als er dabei einen Blick auf Martas Pobacken erhascht.

„Und meine Schuhe, die müssen auch noch poliert werden“, sagt Herbert. „Am besten fängst du gleich mit dem Paar an, das ich trage.“

„Aber gern, Herr Schumacher“, sagt Marta und greift zu Schuhwichse und Poliertuch. Sie kniet sich vor Herbert und beginnt mit dem Polieren.

Herbert genießt die Prozedur. Gelegentlich wirft er einen heimlichen Blick auf Martas einladendes Dekolleté.

„Dass ich das auf meine alten Tage noch erleben darf!", freut sich Herbert insgeheim.

„Kann ich sonst noch etwas für Sie tun?", fragt Marta, während sie auch noch die restlichen Paar Schuhe auf Hochglanz poliert.

„Nein, das wäre es für heute. Ich muss sagen, du hast deine Arbeit hervorragend erledigt. Komm gern morgen wieder!", lobt Herbert das junge Fräulein. „Du musst nämlich dringend den Kühlschrank putzen!" sagt Herbert. Die Vorstellung zaubert ihm ein breites Grinsen ins Gesicht.

„Sehr gern, Herr Schumacher! Dann komme ich morgen in der Frühe wieder. Bis dahin!", verabschiedet sich Marta. Sie läuft den Flur entlang zur Haustür.

Herberts Blick folgt ihren schlanken Beinen.

„Bis morgen, Marta!", säuselt er.

Seiner Frau Hannelore sind Herberts lüsterne Blicke natürlich nicht entgangen.

„Pass bloß auf, dass du keinen Herzkasper kriegst!", zischt sie. Doch Herbert hört sie gar nicht, sondern träumt von einem sauberen Kühlschrank.

## Lassen Sie erzählen:

* Wer hat bei Ihnen in der Familie den Haushalt erledigt?
* Welche Aufgaben haben Sie als Kind im Haushalt übernommen?
* Haben Sie auch schon einmal eine Haushaltshilfe in Anspruch genommen? Welche Arbeiten hat diese erledigt?
* Welche Aufgaben gehören für Sie zum Frühjahrsputz?
* Putzen Sie gern? Oder übernehmen Sie lieber andere Aufgaben?

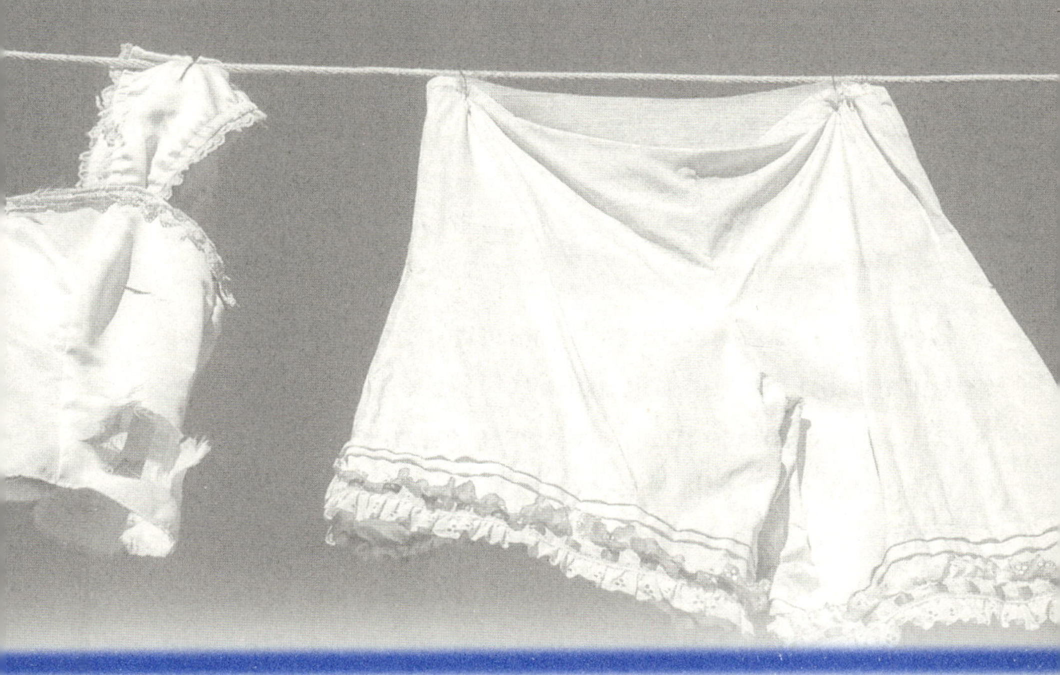

# Mann mit Herz gesucht

Maria kniet vor ihrem Blumenbeet und zupft das Unkraut. Früher hat ihr Mann Robert das immer gemacht. Doch jetzt, als Witwe, muss sie ganz allein das Unkraut jäten, den Rasen mähen und die Blumen düngen.

„Ach, hätte ich doch nur wieder einen Mann an meiner Seite, der mich im Garten unterstützt", denkt sich Maria. „Dann müsste ich die ganze Arbeit nicht allein machen."

Mit letzter Kraft zieht sie einen dicken Löwenzahn aus dem Blumenbeet.

Doch Maria wünscht sich nicht nur einen Mann, der tüchtig im Garten mit anpackt. Sie wünscht sich jemanden, mit dem sie morgens gemeinsam aufwacht. Einen Mann, den sie mit einem guten Mittagessen verwöhnen kann. Jemanden, der mit ihr durch dick und dünn geht.

„Vielleicht muss ich meinem Glück auf die Sprünge helfen“, denkt sich Maria und blättert die dritte Seite der Tageszeitung auf. Dort stehen die Kontaktanzeigen. Maria setzt ihre rote Lesebrille auf und liest die erste Annonce.

*Heinrich, 76 Jahre alt, Kuchenliebhaber, sucht Bäckerin für gemeinsame Tortenschlachten.*

„Um Gottes willen. Männer gibt es!“, lacht Maria. Sie liest direkt die nächste Anzeige.

*Dieter, 83-jähriger Dackelbesitzer, sucht Hundeliebhaberin für gemeinsame Besuche im Dackelklub.*

„Dackelklub!“, wiederholt Maria und schüttelt den Kopf. „Einen Mann, der seinen Hund mehr liebt als mich, brauche ich ganz bestimmt nicht." Ihr Blick wandert weiter zur nächsten Anzeige.

*Stolzer Hahn sucht junges Huhn für gemeinsame Kissenschlachten.*

„Ich glaube es nicht!" Maria ist drauf und dran, die Zeitung wegzulegen. Doch ganz unten, am Seitenende, entdeckt sie die Anzeige von Norbert.

*Norbert, liebevoller Gärtner in Rente, sucht Herzensdame für schöne Unternehmungen zu zweit.*

Norberts Anzeige lässt Marias Herz höherschlagen.

„Wer nicht wagt, der nicht gewinnt", denkt sie sich und greift zum Telefonhörer. Sie nimmt ihren ganzen Mut zusammen und wählt Norberts Nummer.

„Norbert Lindner, guten Tag!", ertönt eine tiefe Stimme am anderen Ende des Telefonhörers.

„Maria Sander mein Name. Guten Tag, Norbert. Ich habe Ihre Kontaktanzeige gelesen. Deswegen rufe ich an", stammelt Maria.

„Wie schön, dass Sie anrufen, Maria", antwortet Norbert.

Die beiden vertiefen sich in ein langes Gespräch. Sie stellen fest, dass sie beide Freude an Theaterbesuchen haben, gern im Wald spazieren und Bücher lesen. Beide lieben gutes Essen, Besuche im Zoo und französischen Wein. Sie verstehen sich am Telefon so gut, dass sie sich direkt für den nächsten Tag auf einen Umtrunk in der kleinen Dorfschenke verabreden.

Gleich ist es so weit. Maria würde Norbert, den Mann mit der Annonce, kennenlernen. Sie zieht ihr schönstes Kleid an, trägt einen zarten Duft auf und pudert sich die Nase. Dann schlüpft sie in ihre hellblauen Sandalen mit den weißen Punkten und macht sich auf den Weg.

In wenigen Gehminuten erreicht sie die kleine Dorfschenke. Schon von Weitem entdeckt sie einen adretten Herrn mit Schnurrbart in einem hellgrauen Jackett.

Das muss Norbert sein. Er sieht noch attraktiver aus, als Maria es sich hätte träumen lassen.

„Hallo, Sie müssen Norbert sein", begrüßt Maria den älteren Herrn.

„Maria, wie schön, dass Sie gekommen sind!", sagt Norbert und strahlt übers ganze Gesicht.

Er zieht seine Hand hinter dem Rücken hervor und überreicht Maria eine prächtige, rote Rose.

„Für Sie!“, säuselt Norbert verlegen.

„Für mich? Das wäre doch nicht nötig gewesen!“, freut sich Maria und nimmt die Blume entgegen.

„Hach, wie schön die Rose ist.“ Maria steckt ihre Nase tief in die Blume und atmet den herrlichen Duft ein.

„Nicht annähernd so schön wie Sie“, zwinkert Norbert ihr zu. „Kommen Sie. Ich lade Sie auf ein gutes Glas Wein ein!“, sagt er. Er schaut Maria tief in die Augen und nimmt ihre Hand.

Maria folgt ihm in die Schenke. Sie wirft einen verliebten Blick auf Norbert und ist sich sicher, dass sie von nun an nicht mehr allein das Unkraut jäten muss.

## Lassen Sie erzählen:

* Erinnern Sie sich an eine lustige Annonce aus einer Zeitung?
* Arbeiten Sie gern im Garten? Was macht Ihnen an der Gartenarbeit besonders Spaß? Woran haben Sie weniger Freude?
* Welche Unternehmungen bereiten Ihnen zu zweit besonders viel Spaß?

## Was Sie noch tun können:

*Sammeln Sie gemeinsam mit Ihren Zuhörern Lieder rund ums Thema „Garten".*

- *Gartenzwergmarsch (Jacob Sisters, 1966)*
- *Der Mörder ist immer der Gärtner (Reinhard Mey, 1971)*
- *Im Märzen der Bauer (Volkslied)*
- *Wie schön blüht uns der Maien (Volkslied)*

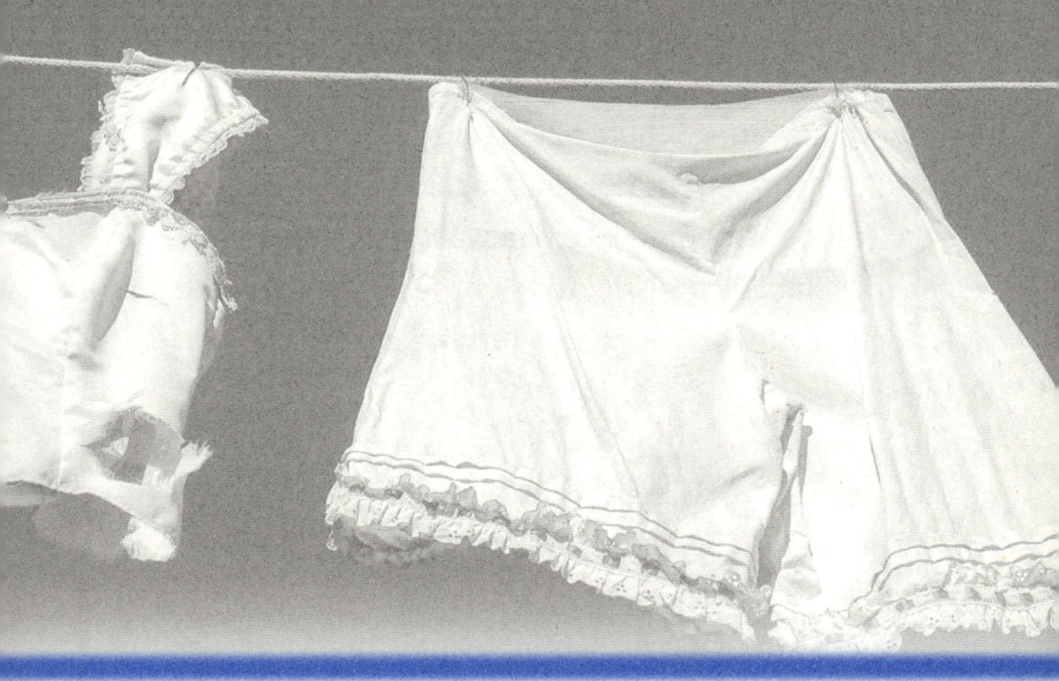

# Bei Doktor Steigenberg

Magda radelt glückselig über den holperigen Feldweg, vorbei an einer duftenden Wildblumenwiese. Ein kleiner Schmetterling setzt sich auf ihren Lenker und begrüßt sie mit einem fröhlichen Flattern.

Doch Magda hat nicht nur einen Schmetterling auf ihrem Lenker, sondern auch ganz viele in ihrem Bauch. Sie kommt gerade von Kurt, ihrem neuen Freund. Seit drei Wochen sind Magda und Kurt ein Paar. Magda kann ihr Glück kaum fassen.

Heute nach der Schule hat sie sich heimlich mit Kurt getroffen. Ihre Eltern dürfen auf gar keinen Fall davon erfahren, sonst würde es ein gewaltiges Donnerwetter geben. Schließlich ist sie doch immer noch deren kleines Mädchen, obwohl sie schon 15 Jahre alt ist.

„Er kann so gut küssen!“, schwelgt Magda in Gedanken. Sie tritt fest in die Pedale, um nicht zu spät zum Abendessen nach Hause zu kommen.

„Magda, wo warst du?“, hört Magda ihre Mutter schon aus der Ferne rufen.

„Ich war noch bei Marie. Wir haben gemeinsam Schularbeiten gemacht“, flunkert Magda.

„Mein fleißiges Mädchen!“, lobt die Mutter Magda. „Komm schnell rein, das Essen wird sonst kalt.“

Magda stellt ihr Fahrrad in den Schuppen und geht in die Küche. Es duftet nach Bratkartoffeln mit Speck.

„Hallo, meine Kleine. Hast du fleißig gelernt?“, fragt Magdas Vater. Er sitzt bereits am Esstisch.

„Natürlich!“, antwortet Magda kurz und knapp und blickt beschämt zu Boden.

Lustlos stochert Magda in ihren Bratkartoffeln herum. Sie ist so verliebt in Kurt, dass sie kaum einen Bissen hinunterbekommt.

„Magda!“ Der Vater schaut fassungslos auf ihren Hals. „Geht es dir nicht gut? Du hast da einen ganz dicken, roten Fleck am Hals!“

Magda läuft hochrot an.

„Zeig mal her, Kind!“, sagt Magdas Mutter und zerrt an Magdas Kopf. „Ach herrje, das Kind hat ganz fürchterlichen Ausschlag. Dein ganzer Hals ist ja voll mit diesen Flecken. Wir müssen sofort zu Doktor Steigenberg.“

Gesagt, getan. Zehn Minuten später sitzt Magda auf der Rückbank der grünen Ente ihres Vaters. Besorgt um seine Tochter, drückt der Vater kräftig aufs Gaspedal.

Kurz darauf erreichen sie die Praxis von Doktor Steigenberg.

„Ein Notfall!“, ruft die Mutter und stürmt in die Praxis hinein. Sie zerrt Magda hinter sich her. „Meine Tochter hat ganz schlimmen Ausschlag!“

„Gehen Sie mit Ihrer Tochter gleich durch ins Zimmer Nummer Drei“, fordert die Sprechstundenhilfe die Mutter und Magda auf. „Der Herr Doktor kommt gleich. Einen kleinen Moment bitte noch!“

Wenige Minuten später betritt Herr Doktor Steigenberg das Sprechzimmer.

„Guten Tag, Magda. Was führt dich zu mir?“ begrüßt Doktor Steigenberg seine Patientin. Eine dicke, braune Hornbrille wackelt auf seiner Nase.

„Herr Doktor, meine Tochter hat ganz fürchterlichen Ausschlag. Schauen Sie mal auf ihren Hals!“, antwortet Magdas Mutter voreilig.

Magda sitzt nur stillschweigend da.

Herr Doktor Steigenberg tritt näher an Magda heran.

„Dann zeig deinen Ausschlag mal her!“, sagt er.

Magda zeigt widerwillig ihren Hals.

Der Doktor wirft einen prüfenden Blick auf die roten Flecken. Ein Lächeln huscht über sein Gesicht.

„Dieser Ausschlag ist tatsächlich nicht mit Medizin zu behandeln!“, erklärt Herr Doktor Steigenberg.

Magda würde am liebsten im Erdboden versinken, so sehr schämt sie sich.

„Nicht mit Medizin zu behandeln?“, fragt Magda vorsichtig nach.

„Nein, mein Kind!“, zwinkert der Doktor und schmunzelt. „Dieser Ausschlag verschwindet in wenigen Tagen von ganz allein.“

„Da bin ich aber beruhigt!“, sagt Magda.

Auch Magdas Mutter atmet erleichtert auf.

„Vielen Dank, Herr Doktor“, bedankt sich Magdas Mutter. Sie schüttelt Herrn Steigenberg die Hand und geht aus dem Sprechzimmer.

Magda stürmt ihrer Mutter hinterher. Sie hört noch, wie der Doktor ihr nachruft: „Bind dir ein Halstuch um, dann sieht niemand deine Knutschflecken!“

Magda wirft dem Doktor ein dankbares Lächeln zu. Dann kramt sie in ihrer Handtasche nach dem hellgrünen Seidentuch, das sie immer bei sich trägt.

„Auf die Idee hätte ich auch selbst kommen können!“, denkt sie sich. Sie lacht und bindet sich das Tuch fest um den Hals, ehe sie in den Wagen des Vaters steigt.

## Lassen Sie erzählen:

* Welche Erinnerungen haben Sie an Ihren ersten Freund oder Ihre erste Freundin?
* Wo haben Sie Ihren ersten Freund bzw. Ihre erste Freundin kennengelernt?
* Haben Sie sich auch heimlich getroffen? Wo war das?
* Mussten Sie als Kind auch immer pünktlich zum Essen zu Hause sein? Gab es Ärger, wenn Sie zu spät kamen?
* Gibt es einen Arzt, den Sie ganz besonders positiv in Erinnerung haben? Erzählen Sie von ihm.

# Das Muttersöhnchen

Greta ist verliebt bis über beide Ohren. Seit zwei Wochen ist sie mit Harald zusammen.

„Wir beide gehören einfach zusammen", verkündet Greta stolz ihrer Freundin Sophie.

Sophie zuckt nur mit den Schultern.

„Wenn du meinst", sagt sie. „Ich weiß gar nicht, was du an dem findest. Der lebt ja noch bei Mutti!"

„Na und?", zischt Greta beleidigt ihre Freundin an. „Du bist doch bloß neidisch!"

Sophie verzieht das Gesicht.

„Ich muss jetzt auch nach Hause. Harald kommt gleich zu Besuch“, sagt Greta und biegt in die rechte Seitenstraße ab.

Als Greta ihre Wohnung erreicht, steht Harald auch schon vor der Tür.

„Pünktlich wie die Eisenbahn!“, lacht Greta und drückt Harald einen dicken Begrüßungskuss auf den Mund.

„Pünktlichkeit ist der beste Beweis einer guten Erziehung!“, erklärt Harald. Er streckt den Zeigefinger mahnend in die Luft. „Das hat Mutti mich schon von klein auf gelehrt.“

Greta schüttelt nur lachend den Kopf und schließt die Wohnungstür auf. Sie geht hinein und zieht ihre hellgrünen Riemchensandalen aus.

„Greta, die Schuhe musst du ausziehen, bevor du die Wohnung betrittst!“, tadelt Harald sie. „Hat deine Mutter dir das denn nicht beigebracht?“

Greta verdreht die Augen.

„Du hast ja Recht!“, antwortet sie jedoch schließlich und stellt die Schuhe flink in den Schuhschrank.

„Du hast bestimmt Hunger nach dem langen Arbeitstag. Ich werde uns etwas Leckeres zubereiten!“ sagt Greta. „Wie wäre es mit Kartoffelsalat und Würstchen?“

Harald nimmt Gretas Angebot dankend an und macht es sich auf dem Sofa bequem.

Greta freut sich sehr auf das gemeinsame Essen. Sie holt den dicken, gusseisernen Topf aus dem Küchenschrank. Dann setzt sie das Wasser auf. Derweil schält sie die Kartoffeln.

„Was schälst du denn die Kartoffeln?" Harald steht entsetzt hinter ihr. „Also meine Mutti macht den Kartoffelsalat immer aus Pellkartoffeln."

„Ich aber nicht!", zischt Greta eingeschnappt. Sie drückt die Kartoffel in ihrer Hand so fest zusammen, dass das Wasser hinausläuft.

Harald schüttelt nur den Kopf und nimmt wieder auf dem Sofa Platz.

„So, das Essen ist fertig!" verkündet Greta wenig später.

Harald steht auf und nimmt am Esstisch Platz.

„Das duftet ja ganz hervorragend", sagt er und reibt sich vor Freude die Hände. „Doch vor dem Essen Händewaschen nicht vergessen!", sagt er und wirft Greta einen auffordernden Blick zu. „Mutti sagt immer, dass man sich sonst noch etwas einfängt!"

Greta verkneift sich eine Antwort. Sie steht missmutig auf und geht ins Bad. Dort schäumt sie die Kernseife auf und wäscht sich die Hände rein.

„Einen guten Appetit!", wünscht sie, zurück bei Tisch.

„Guten Appetit!", wünscht auch Harald und nimmt eine Serviette an sich. Diese formt er zu einem Lätzchen und steckt sie sich in den Hemdkragen.

„Sicher ist sicher!", sagt er und sticht vorsichtig die Gabel in die Bratwurst. „Fettflecken bekommt Mutti so schlecht aus dem Hemd raus, weißt du?"

Greta versucht, die Ruhe zu bewahren. Sie nimmt ihre Gabel und schlingt aufgebracht den Kartoffelsalat hinunter.

„Na, na! Nicht so hastig. Sonst bekommst du noch Bauchschmerzen!", sagt Harald und betrachtet mahnend Gretas halb leeren Teller.

Nun reicht es Greta. Wutentbrannt springt sie vom Tisch auf und schreit: „Hat dir das etwa auch deine Mutti beigebracht?"

„Nun schrei doch nicht so! Das schickt sich nicht für ein junges Fräulein!", gibt Harald zur Antwort. „Also meine Mutti legt immer sehr viel Wert auf einen angemessenen Umgangston."

„Dann geh doch zu deiner Mutti!“, wettert Greta. „Sophie hat ganz Recht. Du bist und bleibst ein Muttersöhnchen!“

Harald reißt entsetzt die Augen auf.

„Das werde ich meiner Mutti erzählen!“

Er legt die Gabel auf dem Teller ab und verlässt schnurstracks die Wohnung.

Greta ist völlig überrumpelt. Dass Harald so plötzlich aufspringt und die Wohnung verlässt, hätte sie nicht gedacht. Erschöpft, aber auch erleichtert plumpst sie aufs Sofa.

„Da hatte ich wohl die rosarote Brille auf!“, lacht sie. „Nächstes Mal höre ich ganz bestimmt auf Sophie, damit ich nicht wieder an so ein Muttersöhnchen gerate“, hört sie sich laut sagen. Dann dreht sie die Wählscheibe ihres Telefons, um Sophie von dem Treffen mit Harald zu berichten.

## Lassen Sie erzählen:

* In welchem Alter sind Sie von zu Hause ausgezogen?
* Was haben Sie alles von Ihrer Mutter gelernt?
* Was hat Ihnen Ihr Vater beigebracht?
* Wie bereiten Sie Kartoffelsalat zu? Schälen oder pellen Sie die Kartoffeln? Welche Zutaten geben Sie noch in den Salat?

## Was Sie noch tun können:

*Welche Erziehungssprüche kennen Ihre Zuhörer?*

- *Vor dem Essen Hände waschen!*
- *Was Hänschen nicht lernt, lernt Hans nimmermehr.*
- *Wer einmal lügt, dem glaubt man nicht, und wenn er auch die Wahrheit spricht.*
- *Lügen haben kurze Beine.*

# Die Rock 'n' Roll-Fete

„Komm schon mit! Es wird bestimmt lustig auf der Rock 'n' Roll-Fete", fleht Hanna ihre Kollegin Gertrud an. Die beiden arbeiten seit nun zwei Jahren gemeinsam in einer kleinen Schneiderei im Ortskern.

„Ich weiß ja nicht!", sagt Gertrud und rückt ihre Brille zurecht. „Du weißt doch, ich geh nicht so gern aus."

„Aber Gertrud! Du liebst doch Rock 'n' Roll! Und vielleicht lernst du dort auch einen feschen Mann kennen", versucht Hanna, ihre Kollegin zu überreden.

„Die hat leicht reden“, denkt sich Gertrud. Kein Wunder! Mit ihren welligen, hellbraunen Haaren und den schlanken Beinen ist Hanna auch wirklich ein Hingucker.

Gertrud hingegen wirkt neben der zierlichen Hanna schon fast pummelig.

„Überredet“, stöhnt Gertrud. Hanna würde ja eh nicht lockerlassen.

„Sehr schön!“, quietscht Hanna und klatscht vor Freude in die Hände. „Komm, wir schmeißen uns direkt heute Abend nach der Arbeit in Schale!“

Nach Feierabend treffen sich die beiden Kolleginnen bei Hanna. Beide ziehen ihre besten Kleider an. Hanna trägt ein hellblaues Kleid mit schickem Petticoat. Das Kleid betont ihre schmale Wespentaille ganz besonders. Gertrud hingegen trägt ein schlichtes, schwarzes Kleid mit einer roten Brosche. Das schmeichelt ihrer Figur.

Hanna und Gertrud pudern noch ihre Nasen, kämmen sorgfältig die Haare und tragen etwas Rouge auf.

„Es kann losgehen!“, verkündet Hanna und geht mit Gertrud aus der Wohnungstür.

Wenig später erreichen sie das Dorfgemeinschaftshaus. Hier findet heute die Rock 'n' Roll-Fete statt. Der Saal ist mit bunten Lampions und Luftschlangen geschmückt. Viele kleine Lichter hängen über den Tischen. Der Saal ist schon gut gefüllt.

Kaum treten Gertrud und Hanna ein, fallen die Blicke der Männer auf Hanna.

Es dauert nicht lang, bis ein blonder, gut gebauter Mann im Hemd zu Hanna geht.

„Darf ich bitten?", fordert er Hanna zum Tanzen auf.

Hanna klimpert verlegen mit den Wimpern und reicht dem Mann die Hand. Die ersten Töne von Elivs' „Jailhouse Rock" erklingen.

Links, rechts, links, rechts! Hoch, runter, hoch, runter!

Die beiden tanzen Rock 'n' Roll wie die Weltmeister. Hannas hellbraune Mähne fliegt nur so durch die Luft. Und auch ihr Rock schwingt wild durch die Lüfte. Bei jedem Hüpfer rutscht er so hoch, dass ein Teil ihres Höschens hervorblitzt. Kein Wunder, dass sich mittlerweile eine ganze Männerschar um die beiden Rock 'n' Roll-Tänzer versammelt hat.

Gertrud hingehen fühlt sich vollkommen fehl am Platz. Unruhig fummelt sie mit der einen Hand an ihrem

Rocksaum herum. Mit der anderen Hand krallt sie sich an ihrem Wasserglas fest.

Plötzlich winkt Hanna Gertrud zu sich auf die Tanzfläche.

„Auch das noch", denkt sich Gertrud mit klopfendem Herzen. Doch weiter allein an der Bar zu sitzen, ist auch keine gute Idee.

Gertrud nimmt all ihren Mut zusammen und geht langsamen Schrittes zur Tanzfläche. Dabei fühlt sie sich alles andere als wohl auf ihren hohen Pfennigabsätzen.

Schüchtern stellt sie sich neben Hanna und wippt vom linken auf den rechten Fuß. Es läuft „Tutti Frutti" von Little Richard.

Ehe sich Gertrud versieht, beginnt ein schlaksiger Kerl mit riesigen Segelohren, vor ihr zu tanzen. Er wirft ihr ein charmantes Lächeln zu und greift nach ihrer Hand.

„Na, schöne Dame, ganz allein hier heute Abend?", beginnt der junge Kerl mit den Segelohren ein Gespräch mit Gertrud.

Doch ehe Gertrud antworten kann, schwingt der schlacksige Mann sie auch schon übers Parkett. Vor, zurück, links, rechts – seine Schritte geraten aus dem Takt.

„Autsch!", schreit Gertrud auf. Jetzt ist er ihr auch noch auf den Fuß getreten. Ihr großer Zeh läuft blau an.

Verzweifelt blickt sie zu ihrer Freundin Hanna.

Auch Hanna ist das Spektakel nicht entgangen. Sie wirft Gertrud einen mitfühlenden Blick zu.

Wenige Sekunden später ertönt „See you later, Alligator" von Bill Haley & His Comets. Hanna löst sich von ihrem Tanzpartner. Sie geht zu Gertrud, greift ihre Hände und beginnt, mit ihr zu tanzen. Die beiden fliegen nur so über das Parkett.

„Mit Hanna ist Rock 'n' Roll-Tanzen ein Kinderspiel!", freut sich Gertrud. Die Kleider der beiden Frauen fliegen wie wild durch die Luft.

Ringsherum haben sich alle Gäste der Fete versammelt. Sie klatschen zum Takt der Musik und feuern die beiden an.

Als das Lied vorbei ist, rufen alle: „Zugabe, Zugabe!" Sie applaudieren vor Begeisterung. Einige pfeifen durch die Finger.

Gertrud und Hanna strahlen übers ganze Gesicht.

„Da siehst du mal, wie du tanzen kannst!", zwinkert Hanna ihrer Freundin Gertrud zu.

Kaum hat Hanna das gesagt, kommt ein attraktiver Mann mit braunen Locken und schwarzen Lederschuhen auf die beiden zu.

„Darf ich bitten?“, fragt er vorsichtig und schenkt Gertrud ein scheues Lächeln.

Gertrud kann ihr Glück kaum fassen. Sie nimmt seine Hand und eröffnet mit ihm den nächsten Tanz. Und den übernächsten. Und auch noch den danach.

## Lassen Sie erzählen:

* Wie haben Sie früher Ihre freien Abende verbracht?
* Sind Sie früher gern tanzen gegangen?
* Wo sind Sie tanzen gegangen?
* Können Sie Rock'n'Roll tanzen? Wie ist die Schrittfolge?
* Welche anderen Tänze können Sie tanzen?
* Zu welcher Musik tanzen Sie am liebsten?

## Was Sie noch tun können:

*Tanzen Sie gemeinsam Rock 'n' Roll im Sitzkreis und veranstalten Sie einen „Stopp-Tanz". Legen Sie dazu fetzige Rock 'n' Roll-Musik auf. Jeder schwingt mit, so gut er kann. Stoppen Sie die Musik immer wieder für einen kurzen Moment. Dann müssen Teilnehmer „stoppen", also für kurze Zeit aufhören, zu tanzen – bis die Musik wieder einsetzt.*

# Urlaub am FKK-Strand

„Rolf! Guck mal, was hier in der Zeitung steht!", ruft Rosi ihrem Mann zu. Sie knickt die Zeitung in der Mitte und zeigt mit dem Finger auf einen Artikel mit großem Foto.

„Auf Westerland eröffnet dieses Jahr der erste, offizielle FFK-Strand. Wäre das nicht auch was für uns?" Rosi schaut ihren Rolf mit großen Augen an.

„Also, ich weiß nicht recht, ob diese Freikörperkultur etwas für uns ist", überlegt Rolf.

„Jetzt zier dich nicht so. Schon seit eh und je baden wir nackt in dem kleinen See im Nachbardorf. Das kühle Nass am ganzen Körper zu spüren, ist einfach herrlich!", schwärmt Rosi.

„Ja, aber doch nur bei Mondschein, wenn uns keiner sieht", bemerkt Rolf.

Doch Rosi wählt schon die Nummer des Reiseveranstalters.

Sechs Wochen später sitzen Rolf und Rosi im Auto. Sie sind auf dem Weg nach Sylt zu ihrem ersten FKK-Urlaub. Rosi hat Käsestullen geschmiert und setzt ihren Strohhut auf. Rolf nimmt am Steuer Platz und startet den Wagen.

Drei Stunden später erreichen sie den Campingplatz. Sie bauen das Zelt auf und verstauen ihre Reisetaschen ganz hinten im Zelt.

„Nun können wir ans Wasser!", freut sich Rosi und beißt hungrig in ihr Käsebrot.

Rolf kramt in seiner Reisetasche und zieht eine gestreifte Badehose heraus.

„Die brauchst du hier nicht!", bestimmt Rosi und legt die Badehose wieder zurück. „Schließlich sind wir hier am FKK-Strand."

„Jaja!", stöhnt Rolf. Seine Frau hat ja Recht. Doch ganz wohl ist ihm nicht bei dem Gedanken, nackt zu baden. Doch da führt nun kein Weg mehr dran vorbei.

Rolf und Rosi legen ihre Kleidung ab und marschieren Hand in Hand hinunter zum Strand. Rosi genießt den sanften Wind auf ihrer nackten Haut.

Sie ernten die ersten, neugierigen Blicke.

„Rosi, die Leute gucken schon!", bemerkt Rolf peinlich berührt.

„Dann lass sie doch gucken! Wir genießen hier unsere Körperfreiheit!", zischt Rosi.

Wenige Schritte später entdecken sie ein Begrüßungsschild, auf dem geschrieben steht: „Jedem das Seine!"

Hinter dem Schild tummeln sich die Badegäste. Rosi und Rolf sehen ein älteres Ehepaar. Die beiden sitzen nackt in einem Strandkorb. Der Mann liest die Bild-Zeitung. Die großen Brüste der älteren Dame hängen ihr bis zum Bauchnabel und sind stark gerötet von der Sonne.

Eine junge Mutter baut mit ihren Kindern eine Sandburg. Die knabenhafte Figur der Frau wird von den Wellen umspült.

Ein wenig weiter sitzt ein Mann mittleren Alters in den Dünen. Er liest ein Buch.

„Der kommt mir irgendwie bekannt vor", überlegt Rolf. Doch er verwirft den Gedanken schnell wieder, als Rosi ihn zum Baden auffordert.

Kurz darauf schwimmen die beiden im Meer. Sie tauchen sich gegenseitig unter, bespritzen sich mit Wasser und greifen mit der Hand nach kleinen Fischen.

„Was ist das für ein herrliches Leben!", freut sich Rosi und springt in eine Welle.

„Komm, lass uns rausgehen. Mir wird langsam kalt", sagt Rolf und blickt hinüber an den Strand.

Ihm wird gleichzeitig heiß und kalt. Der Mann aus den Dünen mit dem Buch sitzt am Ufer. Er rekelt sich in der Sonne.

„Was hast du denn?", fragt Rosi ihren Mann. „Du bist ja ganz blass um die Nase!"

Rolf schüttelt sich.

„Pst", zischt er. „Dort drüben am Ufer sitzt mein neuer Chef, Herr Stuckenschmidt! Das darf doch wohl nicht wahr sein, dass der hier auch Urlaub macht."

Rosi sieht ihren Mann verwundert an.

„Ach, das ist doch schön, dass er auch die Freikörperkultur pflegt", freut sich Rosi und winkt Herrn Stuckenschmidt zu.

„Bist du denn verrückt?“, zischt Rolf und drückt Rosis Arm unter Wasser. „Wir haben doch nichts an! Nicht, dass mein Chef uns noch sieht!“

Doch da ist es leider schon zu spät. Herr Stuckenschmidt hat die beiden bereits entdeckt. Sofort hält er sein Buch vor sein bestes Stück.

„Hallo, Herr Stuckenschmidt!“, ruft Rosi ihm zu und steigt langsam aus dem Wasser.

„Frau Hoffmann, dass ich Sie hier treffe. Damit habe ich nicht gerechnet“, stottert Herr Stuckenschmidt. Peinlich berührt, schaut er zu Boden.

„Wie schön, dass Sie und mein Mann die gleichen Interessen pflegen. Vielleicht können wir drei heute Abend zusammen essen gehen!“, freut sich Rosi.

Ehe Herr Stuckenschmidt antworten kann, steigt Rolf aus dem Wasser. Er hält sich eine dicke Alge vor die Hüften. Schneller als der Wind rennt er an seiner Frau und Herrn Stuckenschmidt vorbei.

Rosi blickt ihrem Mann hinterher und betrachtet kritisch seinen Rock aus Algen. Sie schüttelt nur den Kopf und meint: „Jedem das Seine!“

## Lassen Sie erzählen:

* Waren Sie schon einmal an einem FKK-Strand? Oder bevorzugen Sie lieber Strände, an denen Badekleidung getragen wird?
* Wo haben Sie am liebsten Urlaub gemacht?
* Wohin wären Sie gern einmal verreist?
* An welche Urlaubsreise haben Sie die schönsten Erinnerungen?

## Was Sie noch tun können:

*Spielen Sie eine Runde „Ich packe meinen Koffer“. Ein Teilnehmer beginnt: „Ich packe meinen Koffer und nehme ... mit.“ Der nächste wiederholt den Satz seines Vorgängers und fügt einen weiteren Gegenstand ein. Nach drei Gegenständen wird ein neuer Koffer gepackt.*

# Auf der Autobahn

Seit nun schon zwei Stunden fährt Hilde mit ihrem roten Fiat 500 über die Autobahn. Sie ist auf dem Weg nach Würzburg. Dort möchte sie ihre langjährige Freundin Irene besuchen.

Irene und Hilde kennen sich noch aus Schulzeiten. Sie sind schon von klein auf beste Freundinnen.

Doch mit 17 jungen Jahren ist Hilde in das ferne Paderborn gezogen. Dort hat sie ihre Lehre als Konditorin begonnen. Bis heute ist Hilde in Paderborn geblieben.

Nun ist Hilde schon 28 Jahre alt. Doch ihre Freundschaft zu Irene ist nie abgebrochen. Alle drei Monate besuchen sich die beiden.

„Bitte keinen Stau!“, stöhnt Hilde. Sie drückt aufs Bremspedal und schlägt vor Wut auf den Lenker. „Als ob die Fahrt nicht schon lang genug dauert.“

Doch sich zu ärgern, nützt nichts. Hilde rutscht tief in den Ledersitz und schaut aus dem Fenster. Neben sich im Auto sieht sie eine junge Familie mit zwei kleinen Kindern. Das Mädchen schreit wie am Spieß. Kein Wunder! Ihr großer Bruder mit der hellblauen Baskenmütze nimmt ihr ständig den Teddy weg. Die Mutter der beiden Kinder ist nur am Schimpfen.

„Wenigstens habe ich meine Ruhe!“, redet sich Hilde ein und dreht das Autoradio lauter. Es läuft ihr Lieblingslied „Im Wagen vor mir“ von Henry Valentino.

Es geht immer noch nicht vorwärts im Verkehr. Hilde wirft erneut einen Blick zu der Familie im Auto neben sich. Eigentlich wünscht sie sich nichts sehnlicher, als auch endlich den Mann fürs Leben zu finden und mit ihm eine Familie zu gründen. Doch bisher hat sie einfach noch nicht den Richtigen getroffen. Dabei ist Hilde ein bildhübsches Fräulein, dem alle Männer zu Füßen liegen.

Langsam rollen die Autos wieder an.

„Endlich!", freut sich Hilde. Sie legt den ersten Gang ein und drückt aufs Gaspedal.

Auch das Auto mit der jungen Familie neben ihr fährt weiter. Der kleine Junge ist mittlerweile eingeschlafen. Seine Schwester hat ihren Teddy fest unter ihren Anschnallgurt geklemmt.

Hilde lächelt und schüttelt den Kopf. „Das sind so zwei kleine Rabauken!", denkt sie sich, als sie plötzlich ein dumpfes Geräusch vernimmt. Ihr Auto fängt kräftig an, zu ruckeln.

Hilde bekommt es mit der Angst zu tun. In letzter Sekunde zieht sie das Lenkrad in Richtung Standstreifen. Und da gibt ihr Wagen auch schon völlig den Geist auf.

„Nicht auch das noch!", stöhnt Hilde. Sie ist den Tränen nahe. „Wie kann man nur so viel Pech auf einmal haben? So komme ich doch nie bei Irene an!"

Die erste Träne kullert über ihr Gesicht.

Hilde öffnet die Wagentür und steigt aus. Vorsichtig öffnet sie die Motorhaube. Aus dem Augenwinkel sieht sie, wie ein schwarzer Lloyd 300 hinter ihrem Wagen hält. Ein junger Mann mit grauem Hut und schwarzem Mantel steigt aus. Freundlich nickt er ihr zu.

Seine elegante Erscheinung verschlägt Hilde die Sprache. Schnell wischt sie sich die Tränen aus den Augen und streicht die Haare glatt.

„Geht es Ihnen gut?“, fragt der Mann besorgt und legt seine Hand auf Hildes Schulter. „Kann ich Ihnen irgendwie helfen?“

„Sie schickt der Himmel!“, sagt Hilde und lächelt schüchtern. „Mein Auto hat soeben den Geist aufgegeben. Dabei will ich doch nach Würzburg zu meiner Freundin Irene.“

„Dann wollen wir mal sehen“, sagt der Mann und wirft einen Blick unter die Motorhaube. „Das sieht mir nach einem Motorschaden aus“, stellt er fest. „Da kann ich nichts machen. Der Wagen muss in die Werkstatt.“

„Aber ich muss doch zu Irene!“, schluchzt Hilde. Nun kann sie ihre Tränen nicht mehr zurückhalten.

„Kommen Sie!“, sagt der Mann und nimmt vorsichtig Hildes Hand. „Ich nehme Sie mit bis zur nächsten Raststätte. Dort trinken wir erst einmal eine Tasse Kaffee und Sie beruhigen sich. Und dann bringe ich Sie zu Ihrer Freundin Irene. Ich bin auf dem Weg zu meinen Eltern nach Nürnberg. Da liegt Würzburg ja auf dem Weg.“

Hilde unterdrückt einen Schluchzer.

„Gern“, wispert sie und hakt sich bei dem jungen Mann ein.

Gemeinsam fahren sie bis zur nächsten Raststätte. Sie trinken Kaffee, lachen und erzählen viel. Beide haben das Gefühl, als würden sie sich schon Ewigkeiten kennen. Auf eine Tasse Kaffee folgen noch drei weitere.

Als es dunkel wird, gehen sie Arm in Arm zurück zum Auto. In der Gewissheit, dass keiner von ihnen jemals wieder allein im Stau stehen würde.

## Lassen Sie erzählen:

* Welches Auto sind Sie früher gefahren?
* Sind Sie früher lieber mit dem Auto oder mit öffentlichen Verkehrsmitteln gefahren? Wie ist das heute?
* Standen Sie auch schon oft im Stau? Wie haben Sie sich die Zeit vertrieben?
* Hatten Sie auch schon einmal eine Panne? Was ist passiert? Wie haben Sie sich geholfen?

## Was Sie noch tun können:

*Kennen Ihre Zuhörer die Spitznamen folgender Autos?*

*BMW Isetta — Knutschkugel, Schlaglochsuchgerät*
*VW Käfer — Käfer, Beetle, Kugel- oder Buckel-Porsche*
*Lloyd 300 — Leukoplastbomber*
*Citroën 2 CV — Ente*
*VW Bus — Bulli*
*Trabant — Trabi*
*Fiat 500 — Topolino (Mäuschen)*

# Der Botaniker

Karla ist auf dem Weg in die kleine Gärtnerei in der Sternstraße. Morgen ist Muttertag. Und wie jedes Jahr möchte Karla ihrer Mutter einen großen Blumenstrauß schenken.

„Mensch, Kind. Spar dir dein Geld. Ich hab doch alles!“, pflegt Karlas Mutter immer zu sagen. Doch insgeheim freut sie sich jedes Jahr aufs Neue, wenn Karla mit einem duftenden Strauß frischer Schnittblumen vor ihrer Tür steht.

Karla läuft über den kleinen Schotterweg zum Eingang der Gärtnerei und drückt die schwere Holztür auf. Der herrliche Duft frischer Blumen steigt ihr in die Nase.

„Was für ein Anblick!", denkt sich Karla. Sie betrachtet die bunten Topfpflanzen auf den Ausstellungstischen. Daneben entdeckt sie frische Schnittblumen in vielen, verschieden großen Vasen. Rote Rosen, gelbe Tulpen, rosa Nelken – wo das Auge hinsieht. Das prachtvolle Farbenspiel der Blumen zaubert Karla ein Lächeln ins Gesicht.

„Kann ich Ihnen behilflich sein?", wird Karla aus ihren Gedanken gerissen. Ein junger Mann tippt ihr auf die Schulter. Er trägt eine beigefarbene Schürze, die mit Erde beschmutzt ist. Auf seiner Schirmmütze steht in großen Druckbuchtstaben „Gärtnerei Tennings" geschrieben.

„Ich möchte einen Strauß bunte Blumen für meine Mutter kaufen!", erklärt Karla. „Die schönsten, die Sie haben. Morgen ist doch Muttertag."

„Also ich empfehle Ihnen Dianthus, eine leicht zu pflegende Schnittblume!", äußert sich der Verkäufer in wichtigem Tonfall. Er zeigt mit dem Finger auf die Nelken. „Aber auch blauer Delphinium macht sich sehr schön im Strauß", weiß der Verkäufer.

„Sie meinen Rittersporn?", hakt Karla vorsichtig mit fragendem Blick nach.

„Ja, so könnte man die Blume auch bezeichnen!“, sagt der Verkäufer abfällig und verdreht die Augen. „Aber wissen Sie, Hydrangea muss unbedingt in Ihren Strauß.“ Er steht vor einer Vase mit Hortensien.

Karla blickt den Verkäufer nur entgeistert an.

„So, ich habe Ihnen nun einen Strauß aus Tulipa, Päonien und Narcissus zusammengestellt“, sagt der Verkäufer stolz.

„Vielen Dank für den Strauß aus Tulpen, Pfingstrosen und Narzissen!“, zischt Karla. Sie kneift genervt die Augen zusammen und drückt dem Mann zehn Mark in die Hand.

„Warten Sie noch kurz!“, sagt der Verkäufer und verschwindet in einem kleinen Hinterraum.

„Was ist denn nun noch?“, ruft Karla dem Verkäufer hinterher.

Doch dieser hat bereits die Tür hinter sich zugezogen.

Höflich, wie Karla ist, wartet sie vor dem Ladentresen. Am liebsten hätte sie das Geschäft sofort verlassen. Dieser eingebildete Botaniker war ja nicht zu ertragen.

Zehn Minuten vergehen. Der Verkäufer ist immer noch nicht wieder aufgetaucht.

„Eine Minute warte ich noch, dann gehe ich!“ denkt sich Karla.

Just in dem Moment springt die Tür zum Hinterraum auf. Der merkwürdige Verkäufer tritt langsam, Schritt für Schritt, heraus. Es sieht so aus, also wolle er etwas vor Karla verheimlichen.

Karla blickt den Verkäufer erwartungsvoll an. Dieser räuspert sich. Dann zieht er einen Strauß Vergissmeinnicht hinter seinem Rücken hervor. Die violetten Blümchen sind in cremefarbenes Pergamentpapier eingewickelt. Darum ist eine hellgrüne Schleife gebunden.

„Der Strauß Myosotis ist für Sie“, stottert der Verkäufer und wirft Karla ein fast schüchternes Lächeln zu. „Damit Sie mich nicht vergessen. Ich würde Sie nämlich gern noch einmal wiedersehen. Schließlich sind Sie noch schöner als Agapanthus.“

Karla schüttelt nur den Kopf. Sie kann nicht glauben, was gerade passiert.

„Seien Sie mir nicht böse“, meint Karla, „aber gehen Sie doch dahin, wo der Pfeffer wächst!“ Entschlossen dreht sie sich auf ihren Absätzen um und marschiert schnurstracks Richtung Ausgang. Den Verkäufer würdigt sie keines Blickes mehr.

„Sie meinen, wo der Piper nigrum wächst?“, ruft er ihr noch hinterher.

Doch das überhört Karla einfach. Denn sonst hätte sie den Verkäufer nicht nur zum Pfeffer gewünscht, sondern ganz sicherlich auch auf den Mond geschossen.

Eiligen Schrittes macht Karla sich auf den Heimweg. Sie blickt auf den bunten Muttertagsstrauß in ihrer Hand und atmet den süßen Duft der Blumen ein.

„Herrlich! Da wird sich Mutti ganz bestimmt freuen“, sagt sie sich und hat darüber den Ärger mit dem Verkäufer schon fast wieder vergessen.

## Lassen Sie erzählen:

* Wo kaufen Sie am liebsten Ihre Blumen? Im Blumenfachgeschäft? Oder auf einem Blumenfeld? Im Supermarkt? Oder haben Sie selbst welche im Garten?
* Welche Geschenke haben Sie schon zum Mut-ter- oder Vatertag bekommen?
* Wie feiern Sie den Mutter- und Vatertag in Ihrer Familie?

## Was Sie noch tun können:

*Bilden Sie gemeinsam Wortketten aus Blumen. Dabei bildet der letzte Buchstabe einer Blume den ersten der darauffolgenden Blume.*

*Beispiel*

*Anemone – Erika – Aster – Rittersporn – Nelke …*

# Hund und Katz

Nun muss Liese schon das dritte Mal in diesem Monat zum Tierarzt. Ihr Kater Willi hat Flöhe. Liese bürstet die fiesen Tierchen jeden Tag mit dem Flohkamm aus, doch ohne Erfolg. Die Flöhe springen munter weiter durch Willis schwarzes Fell.

„Kein Wunder, dass die Flöhe nicht verschwinden wollen", bedauert Liese ihren Kater. Sie krault Willi den Nacken. „So ein schönes Fell wie du hat keine zweite Katze."

So lästig die Flöhe auch sind: Liese freut sich insgeheim jedes Mal, wenn sie das Wartezimmer der Tierarztpraxis betritt.

Neben all den Besitzern von Hunden, Katzen, Hamstern, Meerschweinchen und Wellensittichen, gibt es dort einen ganz besonders attraktiven Dackelbesitzer: Robert Kohlenkamp.

Herr Kohlenkamp ist immer adrett gekleidet und hat silberne, seitlich gescheitelte Haare. Er duftet angenehm nach Zedernholz und ist das Herrchen eines kleinen Rauhaardackels namens Benno.

Wie auch bei den letzten Tierarztbesuchen nimmt Liese ihren Kater Willi in dem Weidenkorb mit Stoffeinlage mit. Sobald sie den Deckel des Korbes öffnet, springt Willi flink hinein. Denn er weiß, welcher Leckerbissen ihn erwartet. Liese hat nämlich immer eine Dose Thunfisch als Belohnung für Willi dabei. Schließlich ist so ein Arztbesuch für ihren Kater immer mit Aufregung verbunden.

Doch heute hat sie nicht nur eine Blechdose mit Thunfisch, sondern auch eine goldene Dose „Hausmacher Leberwurst“ eingepackt. Für Rauhaardackel Benno. Damit erhofft sie sich, nicht nur Benno, sondern auch seinen Besitzer Herrn Kohlenkamp zu beeindrucken.

Um 10.00 Uhr hat Liese mit Willi den Termin beim Tierarzt. Pünktlich um 9.50 Uhr betritt sie die Praxis. Sie lugt in Richtung Wartezimmer.

„Hoffentlich ist Herr Kohlenkamp mit Benno auch da!", hofft sie insgeheim. „Nicht, dass ich die Dose Leberwurst noch wieder mit nach Hause nehmen muss."

Lieses Blick schweift durchs Wartezimmer. Sie wird nicht enttäuscht. In der rechten, hinteren Ecke sitzt Herr Kohlenkamp mit seinem Dackel Benno. Herr Kohlenkamp blättert durch eine Illustrierte. Benno sitzt brav unter Herrn Kohlenkamps Stuhl.

Liese hat Glück. Es ist nur noch ein Sitzplatz frei, direkt neben Herrn Kohlenkamp.

Vorsichtig quetscht sie sich an den anderen Herrchen und Frauchen vorbei.

Zwei Wellensittiche flattern aufgeregt durch ihren Käfig. Ein Hund jault, weil seine Pfote verstaucht ist. Ein Hamster rennt aufgeregt durch einen Pappkarton.

„Hatschi!", macht Liese und rümpft die Nase. Dann lässt sie sich auf dem Platz neben Herrn Kohlenkamp nieder. „Ihr Dackel ist aber wirklich goldig. Was hat er denn?", versucht Liese, ein Gespräch mit Herrn Kohlenkamp zu beginnen.

„Hatschi!“ Auch Herr Kohlenkamp muss niesen. Verlegen lächelt er Liese an. „Mein Dackel hat so häufig Zecken. Da gehe ich lieber öfters mal zum Tierarzt, um ihn untersuchen zu lassen.“

„Ach herrje! Meine Katze hat ... hatschi!“ Wieder muss Liese niesen. „Flöhe, wollte ich sagen“, ergänzt sie und sucht nach einem Taschentuch.

„Bitteschön!“ Herr Kohlenkamp drückt Liese schnell ein Papiertaschentuch in die Hand. Die Hände der beiden berühren sich. Verlegen zieht Liese ihre Hand weg und säuselt ein leises „Danke“.

„Hatschi!“ Auch Herr Kohlenkamp zückt nun ein Taschentuch.

„Gesundheit!“ wünscht Liese und guckt vorsichtig in den Weidenkorb. Kater Willi hat die Dose mit dem Thunfisch komplett ausgeschleckt.

Liese zückt die Dose Leberwurst und reicht sie Herrn Kohlenkamp. „Hatschi!“ Zum dritten Mal muss sie niesen. „Für Benno!“, sagt sie, rümpft erneut die Nase und klimpert verlegen mit den Wimpern.

„Das wäre doch nicht nötig wesen!“, sagt Herr Kohlenkamp und wirft Liese ein charmantes Lächeln zu. Dann öffnet er die Dose mit der Leberwurst. „Schau mal, Benno, was die Dame dir Feines mitgebracht hat – hatschi!“ Auch Herr Kohlenkamp niest nun schon zum dritten

Mal. Doch Benno lässt sich davon nicht stören. Mit zwei Bissen macht er die Dose Leberwurst leer.

„Robert Kohlenkamp mit Benno!", ruft die Sprechstundenhilfe in den Wartesaal.

Herr Kohlenkamp steht auf und zieht Benno hinter sich her. Er dreht sich ein letztes Mal zu Liese um und sagt: „Vielleicht sehen wir uns ja gleich noch!" Dann folgt er der Sprechstundenhilfe in das Sprechzimmer Nummer Drei.

Lieses Herz macht vor Freude einen Sprung. Die Dose Leberwurst hat ihren Sinn und Zweck ganz und gar erfüllt.

Wenig später wird Liese mit Kater Willi aufgerufen. Der Arzt reibt Willi mit einer Tinktur gegen Flöhe ein. Kurz danach können die beiden nach Hause.

Liese hofft so sehr, dass Herr Kohlenkamp noch nicht gegangen ist. Tatsächlich steht er noch mit Benno draußen vor der Eingangstür der Praxis.

„Hatschi!", macht Liese, als sie sich Herrn Kohlenkamp und Benno nähert.

„Hatschi!", niest auch Herr Kohlenkamp. „Wissen Sie, Liese, Sie gefallen mir ja schon lange gut. Immer habe ich gehofft, Sie hier im Wartezimmer zu treffen. Ich habe nur so eine schreckliche Katzenhaarallergie“, gibt Herr Kohlenkamp verlegen zu.

„Und ich eine Hundehaarallergie“, lacht Liese. „Doch wozu gibt es Schwarzkümmelöl? Das hilft hervorragend gegen eine Tierhaarallergie“, sagt sie und lächelt.

„Dann lassen Sie uns zur nächsten Apotheke gehen!“, beschließt Herr Kohlenkamp. Er legt seine Hand auf Lieses Schulter. Einträchtig und mit triefender Nase laufen sie zur nächsten Apotheke.

## Lassen Sie erzählen:

* Welche Haustiere hatten Sie früher?
* Welche Namen haben Sie Ihren Haustieren gegeben?
* Wer hat sich bei Ihnen zu Hause um die Haustiere gekümmert?
* Gibt es ein Tier, das Sie gern als Haustier gehabt hätten?

## Was Sie noch tun können:

*Sammeln Sie gemeinsam Redewendungen zum Thema „Tiere".*

*Beispiele*

- *Schwein haben*
- *ein Affentheater machen*
- *sich wie ein Elefant im Porzellanladen benehmen*
- *ein toller Hecht sein*
- *zwei Fliegen mit einer Klappe schlagen*
- *einen Frosch im Hals haben*

# Auf dem Waldspielplatz

Jutta strahlt übers ganze Gesicht, als ihre Tochter Anja mit Enkeltochter Emilie auf die Hofeinfahrt fährt. Durch das Fenster sieht Jutta ihre kleine Enkeltochter. Sie rutscht unruhig auf dem Sitz hin und her.

Als Emilie ihre Oma entdeckt, winkt sie ganz aufgeregt mit ihren kleinen Patschhändchen. Vor Freude trommelt sie gegen die Fensterscheibe des Autos.

Jutta eilt aus der Wohnung, so gut und schnell sie noch kann.

Kaum ist sie draußen, läuft die kleine Emilie auf ihre Oma zu und umarmt sie.

„Oma! Oma!", begrüßt Emilie ihre Großmutter. „Gehen wir heute auf den Spielplatz?"

Jutta lächelt. Schon früher war sie mit ihrer Tochter Anja immer auf dem kleinen Waldspielplatz mit der roten Metallrutsche.

„Aber natürlich, mein Spatz!", antwortet Jutta und drückt Emilie ganz fest an sich.

„Aber pass gut auf, Emilie! Hörst du?", mischt sich Juttas Tochter Anja ein. „Nicht, dass ich heute Abend deine Hose wieder flicken muss!"

„Ja, Mama!", beteuert Emilie. Sie zerrt an Juttas Hand. „Komm, Oma. Wir gehen los!", drängelt Emilie.

„Warte doch, Kind!", bittet Jutta. „Ich schmiere uns noch schnell ein paar Butterbrote und packe eine Flasche Apfelsaft ein."

Wenig später laufen die beiden Hand in Hand den kurzen Gehweg zum Waldspielplatz. Emilie hüpft aufgeregt hin und her. Dann rennt sie ein Stück vor, guckt in Nachbars Gärten und rennt wieder zurück zu Jutta.

„Komm schon, Oma!", quengelt Emilie. „Es ist doch nicht mehr weit."

„Ich bin doch nicht mehr so gut zu Fuß wie du!", erklärt Jutta und reibt sich den Rücken. „Guck mal, da hinten ist schon die rote Rutsche zu sehen."

Emilie macht große Augen, reißt den Mund auf und rennt los.

Wenig später erreicht auch Jutta den Spielplatz. Sie setzt sich auf eine Bank und beißt genüsslich in ihr Butterbrot.

Die rote Rutsche, die hölzerne Wippe und die Schaukel mit dem Gummireifen – alles ist wie früher. Nur nicht mehr so neu wie früher, als Jutta mit ihrer Tochter Anja zum Spielen hier herkam.

„Pass auf, Emilie!", ruft Jutta ihrer Enkeltochter zu, die unvorsichtig die Treppe zur Rutsche hinaufstürzt.

Wie auch damals sind heute ein paar Mütter mit ihren kleinen Kindern auf dem Spielplatz. Die Kinder rutschen in Windeseile, schaukeln hoch in die Lüfte und wippen wie die Weltmeister. Sie essen Kekse, trinken Apfelschorle und toben durch den Sand. Zwei Mädchen spielen Hinkelkästchen. Eine ältere Dame baut mit ihrem Enkelsohn eine Sandburg – eine richtig große mit mehreren Türmen.

„Alles ist wie früher!", denkt sich Jutta. Doch dann hält sie für einen kurzen Moment inne. „Fast alles", denkt sie sich. Sie erinnert sich an Anton, der damals häufig mit seinem Sohn auf den Spielplatz kam. Anton war verwitwet, genau wie Jutta. Und Jutta war über beide Ohren verliebt in Anton. Die beiden spielten viel mit ihren Kindern. Doch zusammen ausgegangen waren sie nie.

Kurz darauf kommt Emilie angelaufen.

„Oma, ich hab Hunger!", sagt sie und reibt sich den kleinen Bauch.

Jutta holt ein Butterbrot aus der Dose und gibt es Emilie. Das kleine Mädchen beißt kräftig hinein.

„Iss nicht so hastig! Sonst bekommst du noch Bauchschmerzen", sagt Jutta und blickt nach links.

Dort, am Eingang des Waldspielplatzes, steht ein älterer Herr mit seinem Enkelsohn. Jutta kneift die Augen zusammen. Der Mann kommt ihr irgendwie bekannt vor.

Der kleine Junge läuft auf Emilie zu.

„Hast du Lust, zu schaukeln?" fragt der Junge Emilie. Emilie greift seine Hand und rennt mit ihm zur Schaukel.

Der Großvater des Jungen geht auf die Bank zu, auf der Jutta sitzt.

„Darf ich mich zu Ihnen setzen?“, fragt er Jutta.

Jutta rutscht ein Stück zur Seite.

„Aber natürlich!“, antwortet sie und blickt ihm tief in die Augen. „Sie kommen mir irgendwie bekannt vor“, überlegt sie.

„Ich kenne Sie auch irgendwoher“, sagt der Mann und betrachtet Jutta. „Sind Sie denn öfters hier?“, hakt er nach.

„Einmal im Monat mit meiner Enkeltochter“, sagt Jutta. „Früher, als meine Tochter Anja noch klein war, war ich jeden Tag hier.“

Der ältere Herr reißt die Augen auf.

„Jutta!“, staunt er. „Du bist es, nicht wahr?“

Jutta blickt ihn fragend an: „Anton, bist du es?“

„Ja, ich bin es, Anton“, bekennt der ältere Mann. „Dass wir beiden uns noch einmal wiedersehen, hätte ich im Leben nicht geglaubt.“ Er klatscht vor Freude in die Hände.

„Jutta, ich hatte so gehofft, dich noch einmal zu treffen. Du bist mir nämlich nie wieder aus dem Kopf gegangen“, erklärt Anton und lächelt Jutta schüchtern an.

Jutta schießt eine leichte Röte ins Gesicht. Sie blickt Anton tief in die Augen.

„Anton, ich bin so froh, dass du das sagst. Mir geht es nicht anders. Schon damals hast du mir gut gefallen. Doch ich habe mich nie getraut, dir das zu sagen", gesteht Jutta.

Die beiden lachen peinlich berührt.

Spontan ergreift Anton Juttas Hand.

„Komm, wir gehen zu den Kindern und bauen mit ihnen eine Sandburg", sagt Anton und steht von der Bank auf.

„Wie damals?", fragt Jutta.

„Wie damals!", zwinkert Anton.

Hand in Hand laufen die beiden zum Sandkasten. Sie greifen zu Schaufel und Förmchen, um mit den Kindern eine ganz besonders schöne Sandburg zu bauen.

Zum Schluss zeichnen sie mit einem Ast ein Herz in den Sand. Darin legen sie aus Kieselsteinen ein „A" wie Anton und ein „J" wie Jutta.

## Lassen Sie erzählen:

* Sind Sie gern mit Ihren Kindern oder Enkelkindern auf den Spielplatz gegangen?
* Was gab es dort für Spielgeräte?
* Womit haben Ihre Kinder bzw. Enkelkinder am liebsten gespielt?
* Haben Sie auf dem Spielplatz auch neue Bekanntschaften geschlossen? Was für welche?
* Womit haben Sie als Kind am liebsten gespielt?
* Hatten Sie eine Sandkastenliebe?

# Die Wahrsagerin

Gemütlich schlendern Anni und ihre beste Freundin Gerda über den Kirmesplatz. Jedes Jahr zur Herbstzeit findet die Kirmes auf dem großen Platz vor dem Rathaus statt. Und jedes Jahr gehen die beiden dort gern wieder hin.

Der Duft von frisch gebrannten Mandeln und gegrilltem Fleisch liegt in der Luft.

Gaukler tanzen über den Platz und präsentieren ihre Kunststücke. Ein langhaariger Quacksalber mit spitzem

Kinnbart preist seine Heilkräuter an. Ein Musikant spielt fröhlich auf seiner Fiedel, ein anderer kurbelt kräftig die Drehorgel.

„Komm, wie fahren Kettenkarussell", freut sich Anni und zieht Gerda hinter sich her.

„Mensch, Anni, genau wie damals, als wir noch zur Schule gingen", ruft Gerda fröhlich. Die beiden bezahlen jeder drei Mark und nehmen im Karussell Platz.

Und los geht die Fahrt! Mit Schwung fliegen die beiden Frauen durch die Luft und genießen einen herrlichen Rundblick über den Kirmesplatz.

„Jetzt ist mir aber schwindelig!", meint Gerda, als die Fahrt beendet ist. „Ich brauche dringend was im Magen", sagt sie und wirft einen Blick in Richtung Würstchenstand.

„Ich bin dabei. Mein Magen knurrt auch schon", sagt Anni.

Kurzerhand bestellen sie sich jeder eine Bratwurst mit Senf im Brötchen. Anni kauft noch für jeden ein leckeres Schokoladeneis.

Mit der Bratwurst in der rechten und dem Eis in der linken Hand schlendern sie weiter. Sie kommen an einem Stand mit lauter Gewürzen aus aller Welt vorbei.

„Rosmarin, Thymian, Estragon!“, ruft eine Frau mit rotem Kopftuch. „Gute Ware, billige Preise!“

Anni und Gerda bleiben stehen und betrachten die Kräuter. So viele verschiedene Kräuter haben sie noch nie zuvor gesehen. Anni entscheidet sich für ein Tütchen mit Liebstöckel, Gerda kauft ein Tütchen Kerbel.

Sie gehen weiter vorbei an Buden mit Zuckerwatte, Lakritzstangen und Liebesäpfeln. An einem Stand mit Backwaren kaufen sie eine frisch gebackene Salzbrezel.

„Guck mal, da hinten.“ Anni zeigt auf ein heruntergekommenes, olivgrünes Zelt. Vor dem Zelt stehen lauter bunt bemalte Vasen aus Terrakotta. Aus einem kleinen, moosbewachsenen Brunnen quellt grünlich verfärbtes Wasser. Und aus einem morschen Vogelhaus lugt ein Rabe.

„Lass uns schnell weitergehen. Das ist unheimlich!“, sagt Gerda und zerrt an Annis Ärmel. Doch Anni ist ganz elektrisiert.

„In dem Zelt sitzt bestimmt die Wahrsagerin“, sagt sie mit leuchtenden Augen. „Komm, wir gehen zu ihr!“

„Bist du verrückt? Das ist doch alles nur Humbug“, sagt Gerda und schüttelt widerwillig den Kopf.

Doch so schnell gibt Anni nicht auf.

„Jetzt zier dich nicht so! Willst du denn nicht wissen, was dir die Zukunft bringt?“, versucht Anni, ihre beste Freundin zu überreden.

„Na gut, wir gehen rein!“, stöhnt Gerda. Sie weiß, hat Anni sich erst einmal etwas in den Kopf gesetzt, lässt sie sich nicht mehr davon abbringen.

Vorsichtig gehen die beiden in Richtung des Zeltes der Wahrsagerin. Der Duft von Weihrauch strömt aus dem Zelt. Sie hören das geheimnisvolle Gemurmel einer älteren Frau.

Anni und Gerda schauen sich fragend an.

Plötzlich lugt die ältere Frau aus dem Zelt heraus. In ihr krauses Haar hat sie ein weinrotes Tuch gebunden. Zahlreiche Ketten hängen um ihren schmalen Hals.

„Wer lungert hier vor meinem Zelt herum?“, will die alte Frau wissen.

Anni und Gerda zucken zusammen.

„Können Sie hellsehen?“, fragt Anni, ohne zu zögern.

„Ob ich hellsehen kann?“, spottet die alte Frau. „Gewiss, gewiss. Kommt nur her.“

Wagemutig folgen Anni und Gerda ihr ins Zelt. Überall flackern Kerzen und qualmen Räucherstäbchen. Einige Tarotkarten liegen ausgebreitet auf einem Tisch.

„Dann wollen wir mal sehen. Setzt euch!“, befiehlt die alte Frau.

Anni und Gerda nehmen an einem Holztisch Platz.

„Wer möchte?“, fragt die Wahrsagerin.

„Ich, bitte!“, meldet sich Anni.

Die Wahrsagerin wirft Anni einen ernsten Blick zu. Dann legt sie ihre Hände auf eine Glaskugel. Sie fängt an, etwas Unverständliches zu murmeln. Die Kugel beginnt, zu leuchten. Anni traut ihren Augen nicht.

„Du wirst einen jungen Mann treffen. Gut gebaut, mit breiten Schultern und vollem Haar“, sieht die Wahrsagerin.

„Ich werde einen Mann kennenlernen?“ Anni springt vor Freude auf.

„Bleib sitzen!“, zischt die Wahrsagerin. „Ich bin noch nicht fertig.“

Sofort setzt Anni sich wieder hin.

„Doch nimm dich in Acht. Irgendetwas ist faul an der Sache!“, verkündet die Wahrsagerin.

Anni reißt die Augen auf.

„Aber Sie können nicht erkennen, was genau an der Sache faul ist?“, hakt Anni nach.

„Das verrät meine Kugel leider nicht!“, erklärt die Wahrsagerin mit geheimnisvoller Miene.

„Schade!“, seufzt Anni und blickt enttäuscht zu Boden.

Kurz darauf verlassen die beiden Freundinnen das Zelt.

„Was für eine komische Vorhersage!", sagt Anni und kratzt sich am Kopf. „Was wird das für ein Mann sein, den ich treffe? Und was soll faul an der Sache sein?"

„Du glaubst doch nicht wirklich an die Worte der Wahrsagerin?", fragt Gerda. Sie zieht Anni weiter über den Platz.

An einem Stand mit gebrannten Mandeln machen die beiden Halt. Anni stellt sich ans Ende der Warteschlange.

Als sie an der Reihe ist, traut sie ihren Augen nicht. Der Verkäufer ist der schönste Mann, den sie je gesehen hat.

„Ein Tüte Mandeln, bitte!", bestellt Anni mit trockenem Mund.

Der Mann zwinkert ihr zu und reicht ihr die Mandeln.

Anni öffnet mit weichen Knien die Tüte. Sie steckt sich zwei Mandeln in den Mund und spuckt diese direkt wieder aus. „Igitt. Die Mandeln sind ja verdorben!", ruft Anni.

Der Verkäufer läuft augenblicklich rot an.

„Das tut mir furchtbar leid. So etwas ist noch nie passiert. Darf ich Sie morgen als Entschädigung auf einen Kaffee einladen?", fragt er vorsichtig.

Anni nimmt dankend die Einladung an.

„Jetzt weiß ich auch, was die Wahrsagerin meint. Die Mandeln sind faul an der Sache!", lacht Anni.

Dann drückt sie dem Mandelverkäufer die Adresse ihres Lieblingscafés in die Hand und säuselt: „Bis morgen."

## Lassen Sie erzählen:

* Gehen Sie gern auf die Kirmes oder andere Volksfeste?
* Was gibt es dort für Stände?
* Was essen Sie dort am liebsten?
* Sind Sie schon einmal mit einem Karussell gefahren? Was war das für eins?
* Wie denken Sie über Wahrsagerei?
* Waren Sie schon einmal bei einer Wahrsagerin?
    - Wie lief das Wahrsagen ab?
    - Was wurde Ihnen vorhergesagt?
    - Ist das Vorhergesagte eingetroffen?

# Das geheimnisvolle Paket

Ida und ihr Mann Alfred sitzen gemeinsam am Frühstückstisch. Ida streicht sorgfältig eine dicke Schicht Butter und selbst gemachte Erdbeermarmelade auf ein Brötchen. Alfred rührt einen Teelöffel Zucker in seinen Kaffee und liest die Tageszeitung.

Heute ist Idas 73. Geburtstag. Alfred hat für Ida einen hochmodernen Schnellkochtopf bei einem Versandhaus bestellt. Von dem modernen Gerät schwärmt Ida schon seit Wochen. Alfred möchte seine Frau mit dem Topf zum Geburtstag überraschen.

Ding dong. Es klingelt an der Tür. Hektisch springt Alfred auf.

„Bleib sitzen, ich geh schon!“, sagt er und läuft zur Haustür. „Das muss der Paketbote sein“, hofft Alfred und öffnet die Tür. Es ist tatsächlich der Paketbote.

„Ich habe ein Paket für Sie!“, sagt der Mann und drückt Alfred einen großen Pappkarton in die Hand. Dieser ist sorgfältig mit Paketschnur umwickelt. Die Adresse ist in schnörkeliger Handschrift mit schwarzer Tinte notiert.

„Danke!“, sagt Alfred, nimmt das Paket entgegen und schließt die Tür.

Da kommt Ida aus der Küche.

„Wer war das denn?“, fragt sie.

Schnell versteckt Alfred das Paket hinter seinem Rücken.

„Ach, nur der Nachbar. Er fragt, ob wir nächste Woche deren Blumen gießen können. Und er richtet dir herzliche Geburtstagsgrüße aus.“

Ida guckt Alfred misstrauisch an.

„Fahren die denn schon wieder in den Urlaub? Die müssen ja Geld haben!“, meint Ida. Kopfschüttelnd geht sie zurück in die Küche.

„Puh!“ Alfred streicht sich mit dem Handrücken den Schweiß von der Stirn. Ida hat das Paket nicht entdeckt.

Schnell huscht er ins Gästezimmer und legt es auf den Schreibtisch. „Komisch, irgendwie fühlt sich das Paket so leicht an“, denkt sich Alfred. „Viel zu leicht für einen Schnellkochtopf.“

Vorsichtig zieht er an dem Paketband. Da hört er Ida aus der Küche rufen: „Alfred, wo bleibst du denn? Dein Kaffee wird kalt!“

„Ich komme gleich!“, ruft Alfred zurück. Hektisch knotet er die Schnüre auf.

Alfred traut seinen Augen nicht. Anstatt des bestellten Schnellkochtopfes zieht er ein transparentes Negligé mit tiefem Ausschnitt aus dem Karton. Im Brustbereich ist eine kleine, rosafarbene Schleife befestigt. Alfred begutachtet neugierig das Stück Stoff. „Das würde meiner Ida auch stehen!“, denkt er sich und schmunzelt.

Er greift noch einmal in den Karton. Zum Vorschein kommt ein schmales Stoffdreieck, dass mit drei dünnen Bändern verbunden ist. „So etwas tragen doch immer die jungen Mädels heutzutage“, überlegt Alfred. „Wie heißt das noch mal? Tanga, ja, genau, Tanga“, erinnert er sich.

Alfred greift ein drittes Mal in den Karton. Er zieht ein rotes Spitzenhöschen heraus. „Herrgott noch mal! Das wird ja immer besser!“, lacht Alfred.

Er greift ein viertes Mal in den Karton und entdeckt einen pinkfarbenen Büstenhalter.

„Alfred! Wo bleibst du denn?“ Ida steht in der Tür. Alfred zuckt vor Schreck zusammen. Seinen Kaffee hat er komplett vergessen. Schnell lässt er den Büstenhalter wieder im Karton verschwinden.

„Ich … ich … musste hier noch Staub wischen“, stammelt Alfred und läuft hochrot an. „Das ganze Regal war voller Flusen“, lügt er weiter.

Ida sieht Alfred misstrauisch an und kneift die Augen zusammen.

„Ich habe hier gestern erst Staub gewischt“, sagt Ida und tritt einen Schritt näher heran. Aus dem Augenwinkel sieht sie den Karton.

„Was hast du da?“, fragt sie.

Im letzten Moment will Alfred das Paket noch verstecken. Doch da ist es schon zu spät. Ida reißt das Paket an sich. Ihre rechte Hand steckt schon tief in dem Karton. Sie zieht das Negligé heraus.

Alfred droht vor Scham im Boden zu versinken.

„Es ist nicht so, wie du denkst“, stammelt er.

Doch Ida grinst nur breit.

„Alfred, du Schelm!“ sagt sie. „Mit so einem Geburtstagsgeschenk hätte ich ja gar nicht gerechnet.“

Sie streicht Alfred sanft über den Rücken.

„Äh … also … eigentlich …“, bringt Alfred nur heraus.

„Du brauchst jetzt nichts zu sagen!“, sagt Ida und legt den Zeigefinger an die Lippen. „Ein schöneres Geschenk hättest du mir nicht machen können“, sagt sie. Dann öffnet sie langsam, Knopf für Knopf, ihre Bluse.

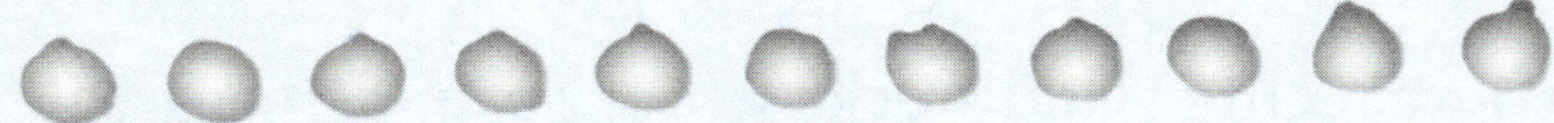

## Lassen Sie erzählen:

* Haben Sie auch schon einmal etwas bei einem Versandhaus bestellt? Was war das?
* Kaufen Sie lieber in einem Geschäft oder bei einem Versandhaus ein?
* Haben Sie auch schon einmal ein falsches Paket geliefert bekommen? Was haben Sie damit gemacht?
* Benutzen Sie auch einen Schnellkochtopf? Was bereiten Sie damit zu?
* Haben Sie auch schon einmal ein Geschenk bekommen, mit dem Sie nicht gerechnet haben? Wie war Ihre Reaktion?

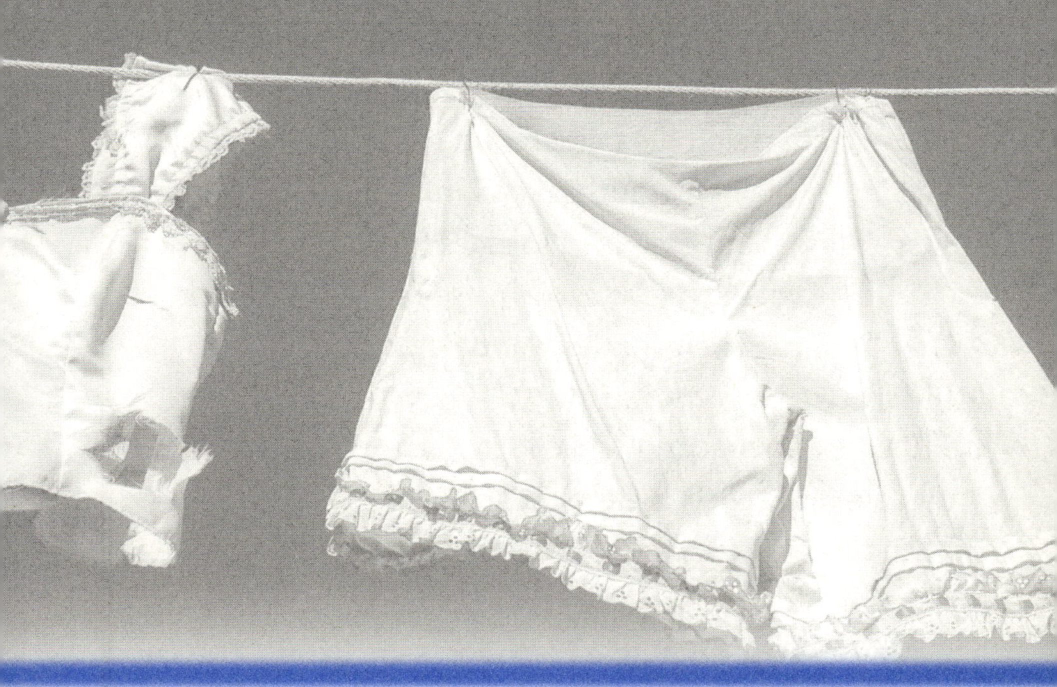

# Die schöne Marie

Otto ist überglücklich. Seit zwei Wochen trifft er sich mit der Frau seiner Träume: Marie. Die hübsche Marie ist kurvig gebaut und hat tiefschwarze Haare. Ihr herzförmiger Mund und ihre faszinierend grünen Augen lassen Ottos Herz jeden Tag aufs Neue höherschlagen.

Heute treffen sich die beiden nun schon zum siebten Mal in der kleinen Stadtbäckerei im Ort. Sie trinken eine Tasse Kaffee und essen ein saftiges Stück Butterkuchen.

„So eine wie dich gibt es kein zweites Mal!“, säuselt Otto und tätschelt Maries Hand.

Marie lächelt verlegen.

„Du bist aber auch wirklich ein einzigartiger Mann!“, sagt sie und schenkt Otto ihr schönstes Lächeln.

Die beiden legen ihre Hände ineinander und schauen sich tief in die Augen.

„Marie, willst du meine Partnerin sein?“, fragt Otto und setzt eine ernste Miene auf.

„Liebend gern“, antwortet Marie und drückt Otto einen sanften Kuss auf die Lippen.

Otto bekommt hochrote Ohren. Er kann sein Glück kaum fassen.

„Liebend gern, hat sie gesagt“, wiederholt er in Gedanken ihre Worte. Endlich hat er Marie ganz für sich gewonnen.

Er streicht Marie sanft durchs Haar. „Du machst mich zum glücklichsten Mann der Welt“, sagt er und begleicht die Rechnung.

Hand in Hand verlassen die beiden die Bäckerei. Fröhlich bummeln sie durch die Stadt und betrachten die Schaufenster. Otto kauft Marie im Süßwarengeschäft ein Herz aus feinstem Lebkuchen und hängt es ihr um den Hals. „Damit auch jeder weiß, dass du meine Freundin bist“, zwinkert er ihr zu.

Als es dunkel wird, machen sich die beiden auf den Rückweg. Otto bringt Marie zu ihrer kleinen Wohnung und drückt ihr einen dicken Abschiedskuss auf den Mund.

„Bis morgen um 14.00 Uhr in der Eisdiele“, flüstert er ihr ins Ohr. Dann drückt er sie ein letztes Mal fest an sich.

„Ich freu mich“, sagt Marie.

Otto löst sich aus der Umarmung. Dann dreht er sich um und geht lächelnd zurück zu seiner Wohnung.

Zu Hause angekommen, streift er den Mantel ab und zieht die Schuhe aus. Er brät sich noch ein Ei, ehe er schlafen geht.

Glückselig liegt er nun in seinem warmen Federbett. „Morgen sehe ich sie wieder“, freut er sich, schläft ein und träumt die ganze Nacht nur von Marie.

Am nächsten Morgen steht Otto in aller Herrgottsfrühe auf. Er hat viel vor. Er muss noch auf den Wochenmarkt und die Wäsche zur Reinigung bringen. Und er hat sich etwas ganz Besonderes für Marie überlegt: Als Zeichen seiner Liebe möchte er ihr ein silbernes Armband schenken. Doch nicht irgendein silbernes Armband, sondern eines mit Gravur. *„In Liebe, dein Otto"* soll auf der Innenseite des Armbands stehen.

Otto wäscht sich, zieht sich an und frühstückt. Dann setzt er sich auf sein Fahrrad und radelt zum kleinen Juwelier in der Stadt.

Fröhlich pfeifend, fährt er durch die holperigen Straßen. Plötzlich taucht eine kurvige Frau mit auffällig schwarzem Haar auf. Sie überquert Hand in Hand mit einem großen, dunkelhaarigen Mann die Straße.

„Das ist doch Marie!", wundert sich Otto und schaut dem Pärchen hinterher. Er spürt einen schmerzhaften Stich in seinem Herzen. „Das darf doch nicht wahr sein! Wie kann sie mir das antun?", fragt sich Otto und ballt seine Hand wütend zur Faust. Das würde er sich nicht gefallen lassen. Er will Marie sofort zur Rede stellen.

„Marie!", ruft er dem Pärchen hinterher.

Keine Reaktion. Die beiden gehen einfach weiter.

„Marie! Bleib stehen!", ruft Otto noch einmal. Wieder keine Reaktion.

Otto rennt von hinten auf das Pärchen zu und fasst der Frau an die Schulter. „Marie, was soll das? Was machst du mit diesem Mann hier?"

Die Frau zuckt erschrocken zusammen. Der dunkelhaarige Mann ergreift das Wort.

„Lassen Sie sofort meine Frau in Ruhe!", schimpft er und hebt drohend den Arm.

„Ihre Frau? Marie ist meine Freundin!", wehrt sich Otto.

Völlig unerwartet fängt die Frau an, zu lachen.

„Sie müssen mich verwechseln!", sagt sie freundlich. „Marie ist meine Zwillingsschwester. Ich heiße Maria. Und Sie müssen Otto sein. Marie hat mir schon viel von Ihnen erzählt."

Otto wird gleichzeitig heiß und kalt. Sein Mund ist staubtrocken. Die Schamesröte schießt ihm ins Gesicht.

„Entschuldigen Sie! Ich wusste gar nicht, dass Marie eine Zwillingsschwester hat", stammelt er. „Sie sehen sich aber auch wirklich zum Verwechseln ähnlich."

Maria nickt.

„Ja, die Leute verwechseln uns ständig. Aber ich kann Ihnen versichern, dass Maries Herz nur für Sie schlägt.

Das müssen Sie mir glauben. Marie ist bis über beide Ohren verliebt in Sie", sagt Maria.

Otto fällt ein Stein vom Herzen.

„So ein blödes Missverständnis! Wie konnte ich nur daran zweifeln, dass Marie mir treu ist?", rutscht es Otto heraus.

Alle drei fangen kräftig an, zu lachen.

Otto entschuldigt sich noch ein letztes Mal bei Maria und ihrem Mann und wünscht den beiden einen schönen Tag. Dann radelt er eilig zum Juwelier, um noch rechtzeitig das Armband für seine Marie gravieren zu lassen.

## Lassen Sie erzählen:

* Kennen Sie auch ein Zwillingspärchen? Oder sind Sie vielleicht sogar selbst ein Zwilling?
* Haben Sie auch Schwierigkeiten, Zwillinge auseinanderzuhalten?
* Haben Sie schon einmal ein Schmuckstück mit Gravur verschenkt oder selbst geschenkt bekommen? Was stand darauf geschrieben?
* Erinnern Sie sich auch an eine lustige Verwechselung? Erzählen Sie davon.
* Kennen Sie „Das doppelte Lottchen" von Erich Kästner? Haben Sie das Buch gelesen oder den Film gesehen? Wie gefällt Ihnen die Geschichte?

# Der Herzensbrecher

Oskar steht vor dem Spiegel und lässt seine Muskeln spielen. Zufrieden betrachtet er seine Oberarme. Er zieht ein enges, weißes Muskelshirt aus dem Schrank.

„Was hast du denn heute vor?", fragt ihn sein Mitbewohner Emil.

„Ich treffe mich gleich mit Elisabeth!", sagt Oskar und steift das Shirt über.

„Ich dachte, du triffst dich in letzter Zeit immer mit dieser Sabine?", hakt Emil verwundert nach.

„Sabinchen war ein Frauenzimmer!“, bestätigt Oskar.

„Und das ist sie auch immer noch“, bekräftigt Emil.

„Ja, aber wenn die Elisabeth nicht so schöne Beine hätt!“, zwinkert Oskar seinem besten Freund zu. Dann geht er auf den Boden und macht 15 Liegestütze.

Emil schüttelt nur den Kopf.

„Du bist ein wahrer Herzensbrecher!“, sagt er.

Doch Oskar zuckt nur mit den Schultern. Dann zieht er seine Sonnenbrille aus der Schublade und trägt noch einen teuren Herrenduft auf.

„Wir sehen uns morgen!“, ruft er Emil zu und geht aus der Haustür.

Oskar hat sich mit Elisabeth in der kleinen Tanzbar in der Innenstadt verabredet. Mit geschwollener Brust stolziert er die Straßen entlang. Er spürt die Blicke der Frauen auf sich.

„Hey Kleine! Toller Hintern“, ruft er einem jungen Mädchen in enger Stoffhose hinterher.

Das Mädchen lacht nur verlegen und biegt in die nächste Seitenstraße ab.

Doch Oskar ist mit seinen Gedanken schon wieder ganz woanders. Dort drüben an der Laterne steht seine alte Klassenkameradin Veronika.

„Veronika, der Lenz ist da!“, ruft er ihr pfeifend hinterher und zwinkert mit dem rechten Auge.

Dann geht er weiter in Richtung Innenstadt. Vor der Eisdiele entdeckt er seine frühere Freundin Rose Marie. Rose Marie sitzt an einem Tisch und schleckt genüsslich an ihrem Eis.

„Rose Marie, sieben Jahre mein Herz nach dir schrie“, ruft er ihr zu und zuckt vermeintlich enttäuscht mit den Schultern.

Oskar stolziert weiter durch die Straßen. Natürlich ganz langsam, Schritt für Schritt. Die Frauen sollen ruhig sehen, was für ein Muskelprotz er ist.

Plötzlich schweift sein Blick nach rechts. Dort vor dem Briefkasten steht eine junge Frau mit hohem Zopf in Arbeitskleidung. Neben ihr steht ein gelbes Fahrrad mit einem Korb voller Briefe.

„Na, was bist du denn für eine Süße?“, spricht er die hübsche Frau an.

„Ich bin die Christel von der Post“, antwortet die Frau und lächelt verlegen. Peinlich berührt, sortiert sie ein paar Briefe.

Doch Oskar hört ihre Worte gar nicht mehr. Sein Blick ist schon an der nächsten Frau hängen geblieben. Die kurvige Frau mit den dunklen Locken kommt ihm irgendwie bekannt vor.

Als Oskar genauer hinschaut, erkennt er seine ehemalige Arbeitskollegin Barbara. Mit Barbara hat er nicht nur schöne Arbeitstage, sondern auch schöne Nächte verbracht.

„Wann liegen wir uns wieder in den Armen, Barbara?", zwinkert er ihr zu.

Barbara verdreht nur die Augen.

Doch davon lässt Oskar sich nicht beirren. Er rückt seine Sonnenbrille zurecht und biegt in die nächste Seitenstraße ab.

In wenigen Gehminuten erreicht er die Tanzbar. Oskar trifft zehn Minuten früher vor dem vereinbarten Treffpunkt ein.

„Schöne Frauen lässt man nicht warten!" weiß er und setzt sich auf eine Bank vor der Tanzbar. Während er auf Elisabeth wartet, beobachtet er die vorbeigehenden Leute.

In der Ferne erkennt er die Mutter seiner damaligen Freundin Mariechen.

Als die Mutter näherkommt, ruft er ihr zu: „Was macht Mariechen so in letzter Zeit?"

Doch die Mutter verkneift nur das Gesicht.

„Mariechen saß weinend im Garten, du Aufschneider!“, erwidert sie in verbittertem Tonfall. Sie marschiert an Oskar vorbei, ohne ihn noch eines Blickes zu würdigen.

Doch Oskar lassen die Worte der Mutter kalt.

Plötzlich spürt Oskar eine warme Hand auf seiner Schulter. Er blickt hoch.

„Elisabeth! Da bist du ja!“, freut er sich.

„Hallo, Oskar. Schön, dich zu sehen“, säuselt Elisabeth und zupft verlegen an ihrem Rock. Sie hat ein buntes Tuch in ihre Haare gebunden und trägt rote Sandalen mit Pfennigabsatz.

Oskar legt seinen Arm um sie.

„Komm, ich lade dich auf ein Getränk ein!“, sagt er. Er hakt sich bei Elisabeth ein.

Gemeinsam betreten sie die Tanzbar.

Ohne zu zögern, zieht Oskar Elisabeth auf die Tanzfläche. So hat er leichtes Spiel, ihr näher zu kommen.

„So ein blöder Zufall!“, denkt sich Oskar, als er einen Blick an die Bar wirft. Dort sitzt seine neue Bekanntschaft Marie.

Auch Marie hat Oskar bereits entdeckt. Ihr fällt die Kinnlade herunter, als sie Oskar mit der anderen Frau entdeckt. Vor Schreck lässt sie ihr Glas fallen. Dann steht sie wütend auf und geht zur Tanzfläche. Sofort stellt sie Oskar zur Rede.

„Ich dachte, du liebst mich!", knirscht sie.

Doch Oskar antwortet: „Marie, der letzte Tanz ist nur für dich!" Er zwinkert ihr zu. Dann greift er wieder nach Elisabeths Hand. Eng umschlungen, schwingt er mit ihr im Takt der Musik über die Tanzfläche. Denn er wusste genau, dass auch Marie ihm einen letzten Tanz nicht ausschlagen würde.

## Lassen Sie erzählen:

* Kennen Ihre Zuhörer die Liedtitel, die in der Geschichte vorkommen?

- Sabinchen war ein Frauenzimmer (Volkslied)
- Wenn die Elisabeth nicht so schöne Beine hätt (Siegfried Arno, 1930)
- Veronika, der Lenz ist da! (Comedian Harmonists, 1930)
- Rose Marie, sieben Jahre mein Herz nach dir schrie (vertontes Gedicht „Abendlied" von Hermann Löns)
- Ich bin die Christel von der Post (aus der Operette „Der Vogelhändler" von Carl Zeller, 1891)
- Wann liegen wir uns wieder in den Armen, Barbara? (Chris Roberts, 1977)
- Mariechen saß weinend im Garten (Volkslied)
- Marie, der letzte Tanz ist nur für dich (Rex Gildo, 1974)